シンプルで
脳科学的に正しい
読書法

茂木健一郎
Kenichiro Mogi

PHP

はじめに

◎先の見えない時代だからこそ本を読む

今、世界は「ＣｈａｔＧＰＴ」を始めとするＡＩ（人工知能）のすさまじい技術革新の波を体験しています。まさに百年に一度の大変革が起きているといってもいいでしょう。

私自身、脳の研究を始めたのは人工知能がきっかけだったので、この激動の変化に対して、強い関心と刺激を受けています。

その一方で、ＡＩの台頭によって職が失われるのではないか、テクノロジーの進化についていけないのではないか、と不安に感じている方々も多いのではないでしょうか。

読書に関しても、「情報や知識はＡＩに蓄えられているのだから、わざわざ本なんか読まなくていいのでは？」「インターネットで検索すれば何でもわかるから本はいらない」という極端な意見も聞かれ、本を読む意義がますます曖昧《あいまい》になってきていると感じます。

ではＡＩが台頭し、インターネットが広く普及する世の中において、本を読む意義とは何でしょうか。それは「教養」を深めることにあると思います。「教養」とは単に情報や知識の量を増やすことではありません。それではＡＩと変わらなくなってしまいます。

人間にとっての「教養」とは、それを身につけることによって、脳がアップデートされ、人生をより良いものに変えていってくれるもの。言い換えるならば「あなたを今よりも素敵な場所に連れていってくれるもの」です。

そして「教養」は、読書によって磨かれます。読書は一生を通じてあなたの世界を広げてくれ、あなたを助け、導いてくれるのです。

◎本を読むか、読まないかで人生に圧倒的な差がつく

万有引力の法則を発見したアイザック・ニュートンは、こんなことを言っています。

「私が他の人よりも遠くをみることができたとしたら、それは巨人の肩に乗っていたからだ」と。

ニュートンのような天才でも、自分ひとりの力だけでは、偉大な発見をすることはできませんでした。ニュートンは、先人の積み重ねた発見や知識を本を読んで知り、それを自

分の中で消化した上で、独創的な発見に至ったのです。つまり、ニュートンは巨人の肩――それまで読んできた本――の上に乗って、まったく新しい「万有引力の法則」を見出したというわけなのです。

そのことを考えると、「人は読んだ本の高さの分だけ、成長することができる」ということがよくわかります。

たとえば、五〇〇冊読んだら、五〇〇冊分の高さだけ自分の足元に土台ができあがり、その高さの分、遠くまで世界を見ることができます。五〇冊なら五〇冊分、一〇〇冊なら一〇〇冊分の高さだけ、視界は開けていくのです。

読書とは**「過去に読んだ本の数だけ、生きる上での英知を手にすることができ、本を読むか読まないかで人生に圧倒的な差がつく」**といえるのではないでしょうか。

本書では、まずは第1章で読書が脳の機能を高めることを脳科学的な知見に基づいて述べ、第2章から第5章までは、読書を通して教養を深めていくために、どんな本を読むべきかを各章のテーマに合わせて紹介します。第6章では、実践編として具体的な本の読み方を紹介し、最後の第7章ではＡＩ時代に適した本の読み方を説明していきます。

- 第1章では、「読書がもたらす脳への効果」を科学的に解説します。
- 第2章では、真の教養人になるための基礎として、まずは「自分の頭で考える人」になるためには、どのように思考し行動すればいいのか、そのためにはどんな本を読めばいいのかについて述べます。
- 第3章では、第2章で紹介した「自分の頭で考える人」になるための思考を足掛かりにして、「自分の世界を広げていくため」の読書法と本を紹介していきます。
- 第4章では、「共感力やコミュニケーション能力を育むための読書」——主に小説の効用——についてお話しします。
- 第5章では、「困難に立ち向かう覚悟を持つために」をテーマに、困難に直面したときに効く本や、生きる上での覚悟の持ち方などについて解説します。

・第6章では、「脳を最高の状態にする読み方」をテーマに、乱読のススメや読書時間を捻出する方法、耳読《みみどく》など具体的な本の読み方について取り上げます。

・第7章では、「読書プラスαでAI時代を乗り切る」をテーマに、従来型の読書に加えて、「読書＋ネット」「読書＋行動」という新しい読書法を紹介します。

私にとって、本はひとつの〝生命体〟。出合い、育ち、そして一緒に生きていく友人のような存在です。一回だけつきあって終わりなのではなく、ときどき対話をして新しいものの見方を手に入れたり、悩みに対するアドバイスをもらったり、何気ないひと言で救われたりするものなのです。

本書がみなさんにとって、本を読むことの素晴らしさを知るきっかけになれば幸いです。

二〇二四年一月

茂木健一郎

シンプルで脳科学的に正しい読書法

CONTENTS

第1章 なぜ、読書は脳にいいのか？ ―読書と脳の深い関係―

第2章

「自分の頭で考える人」になるために本を読む

第3章

自分の世界を広げていくための読書

第4章

共感力やコミュニケーション能力を育むための読書

第5章

困難に立ち向かう覚悟を持つために

第6章

脳を最高の状態にする読み方

第7章

読書プラスαでAI時代を乗り切る

第1章

なぜ、読書は脳にいいのか？

――読書と脳の深い関係――

本を読むことで脳は進化する

「読書がもたらす脳への効果」は、大きく分けると次の三つに要約されます。

一　「読書をすることで脳が進化する」
二　「読書は脳にいい影響を及ぼす」
三　「読書には実生活で実感できる七つのメリットがある」
　その1　センスと判断力が養われる
　その2　創造力が豊かになる
　その3　読書はいい影響だけを脳に残す
　その4　自宅に本がたくさんある家の子どもは学力が高い
　その5　低下し続ける「集中力」は読書で養える
　その6　一日三十分の読書でストレスを軽減できる
　その7　読書は認知症予防に効果がある

本章ではこれら三つの効果を順番に説明していきます。

まずは、一つ目の「読書をすることで脳が進化する」という話から始めましょう。

イギリスの数学者、ルイス・キャロルの童話『不思議の国のアリス』の続編に『鏡の国のアリス』という作品があります。

その中に出てくる赤の女王はずっと走っています。不思議に思ったアリスが「なんで走っているの?」と聞くと、「この国ではずっと走っていなければ同じ場所にはいられない」と答えます。この話を読むと、今の時代はまさに赤の女王の国と同じだと感じます。

より良く生きるためだけでなく、同じ場所にいるためには走り続けなければならない。

プログラマーが、常に新しい言語やシステムを勉強しないと働き続けることができないように、ビジネスパーソンの場合も学び続けなければ仕事ができない時代になったということです。

こういう話をすると、「社会人になってまで学び続けなければならないなんて、大変な時代になってしまった……」と、うんざりしたり、めんどうくさく思ったり、焦燥感を覚えてしまう人も中にはいるかと思います。昔は、学びは学生時代までで終わっていたはずなのに……と。

しかし、ネガティブな気持ちになる必要はまったくありません。なぜなら、学び続けることで、脳が進化するからです。

学び続けると脳にさまざまな変化が起こりますが、そのひとつに脳は学び続けることでビッグデータを蓄積することがわかっています。

私たちの脳の中にある紡錘状回《ぼうすいじょうかい》という領域には、「色の認識」「顔や身体の特徴の認識」「単語や数字の認知」「カテゴリー内の分類や認知」という機能があることがわかっています。私たちは学び続けることで「紡錘状回」へ情報を蓄え、脳にビッグデータを蓄積させることができるのです。

たとえば、本を読んで単語や数字のデータが蓄えられると、それらの蓄積がビッグデータになります。**情報が蓄積されてメタ認知（客観視）できるようになることで、「次のトレンドはこれだな」と予想できたり、「このプロジェクトに必要なデータはこれだな」と判断できたりするのです。**

また、読書をすると脳のさまざまな場所が活性化することがわかっています。文字を目

で追うため「視覚野」が働き、書かれた文字を理解する「角回《かくかい》」が活性化します。ほかにも、言語を理解する場所である「ウェルニッケ野」や「ブローカ野」、記憶や感情の抑制、行動の抑制、状況の判断、未来予測など、高度な精神活動を司《つかさど》っている「前頭前野」も、より働きます。

このように、読書をすると脳のさまざまな場所が活性化することがわかりましたが、脳が活性化するとはどういうことなのでしょうか。

非常にわかりやすく説明すると、毎日、運動をすれば筋肉がついて、体力がつき、運動能力が向上します。脳もそれと同じでたくさん使えば使うほど脳が変化してよく働くようになります。逆に脳をあまり使わない生活をしていると、忘れっぽくなったり、物事を深く考えられなくなったり、働きも鈍くなってしまいます。

読書を習慣化すると、脳に「高速道路」ができる

「読書をすることで脳が進化する」効用は、「紡錘状回への蓄積で脳にビッグデータが蓄

えられること」以外にもう二つあります。**それは「脳の容積が増えること」と、「前頭前野と側頭葉の間の流れがよくなること」です。**

それでは、その二つについて解説していきましょう。

本を読むことで、創造力が刺激されたり、感動したり、ワクワク・ドキドキしたりすると、脳の中にドーパミンという物質が放出されて、そのときに活動していた神経細胞のつながりが強化されます。このときの脳は五感がフル回転するのに伴って、ドーパミンを大量に分泌しています。

ドーパミンの分泌は快感を伴うため、人はそのドーパミン体験をもう一度味わいたくなります。

要するに、本を読んで感動し、知識や情報を得ることが快感になって、もっと新しいことを知りたい、もっと欲しい、という神経回路が強化され、読書のドーパミン・サイクルができあがるのです。これを「強化学習」といい、その回路は使えば使うほど強化されていきます。

強化学習を繰り返して、脳に刺激を与え続けていくと、「脳の容積が増えること」もわかっています。脳の情報処理は、神経細胞同士が神経伝達回路（シナプス）でつながって行われます。そして、このシナプスの結びつきで脳の容積が増えていくのです。[*1]

それでは、読書を習慣化して長期間にわたって続けた場合、脳の容積はさらに増えていくのかというと、そうはなりません。容積が増えるのではなく、脳内の「道路」の流れが速くなるのです。[*2]

強化学習をすることで脳につくられる情報伝達の回路は、いうなれば道路のようなもの。

たとえば読書を習慣化することでつくられた道路を繰り返し使っていると、普通の道路が整備されて高速道路のようになり、前よりも早くたどり着けるようになります。

読書を習慣化することでつくられる道路とは、言葉をつくりだす働きをしている前頭前野と言葉の意味を理解する働きをする側頭葉の間をつなぐ道筋のことです。この二つの場所をつなぐ道路が高速道路に変わったことで、前頭前野と側頭葉の間がスムーズに働くようになります。

つまり、読書を習慣化して、「前頭前野と側頭葉の間の流れがよくなること」で、脳の働きがよくなり脳の性能が上がるというわけです。

読書は脳に良質な負荷を与えてくれる

「読書がもたらす脳への効果」の二つ目は、「読書は脳にいい影響を及ぼす」です。

「読書は脳にとってよいことなのでしょうか？」という質問を受けることがあります。

ここまで読んでこられた読者のみなさんは、読書が脳にいいことはもうおわかりかと思います。**ここでは、読書をすると脳の中で「シンボル処理のダイナミクス」が行われるという話をします。**

たとえば、私たちは鳩を平和のシンボル（象徴）として扱っています。

「シンボル処理のダイナミクス」とは、鳩を平和のシンボルと見なすように、あるもの（ここでは鳩）を、脳の中で別のあるもの（平和）へ変換することを指します。

これは、人間の脳のもっとも本質的な働きのひとつです。ある対象をシンボルへと昇華させるその処理の仕方が複雑であればあるほど、脳には良質な負荷がかかり、より活性化します。

日常生活で私たちがよく目にするシンボルとしては、スマートフォンの絵文字が挙げられるでしょう。ですが、これは「シンボル処理のダイナミクス」としては単純な部類に属します。なぜなら、絵文字は😄＝〝笑う〟にしても、😢＝〝泣く〟にしても、シンボル（記号）とその意味の対応が一対一でしかないからです。つまり、脳の中で行われる意味への変換作業はそれほど高度なものではないのです。

一方で良質な文学作品において、読者が作品の中にあるシンボルを受け取ったときに、脳の中で行われる「シンボル処理のダイナミクス」は、より重層的で複雑になります。なぜなら、文学作品におけるシンボルに対応する意味はひとつではないからです。ひとつのシンボルにさまざまな意味づけがなされ、物語の展開や伏線などの要素が絡み合うことで、さらにそのシンボルは何層もの意味を含んで成長していきます。そのような脳の中での複雑な処理は、脳に対して良質の負荷をかけることになるのです。

つまり、短時間ですらすら読めてしまうような軽い作品を読むよりも、「シンボル処理のダイナミクス」が複雑に行われるような作品を読むほうが、脳にはよりよい負荷がかかるといえます。

さらにもうひとつ重要なことを付け加えると、実は同じ文学作品を読むにしても、自筆の原稿よりも活字になったものを読むほうが、脳にとってのシンボル処理はより深くなり

ます。

自筆の原稿には、作家が原稿を推敲《すいこう》した跡や作家の手の温もり、独特の字の癖が残っており、自分が尊敬している作家であればこそ、なお一層感動を覚えるものです。ところが、不思議なことに、どれほど偉大な作家の自筆原稿であっても、それを作品として読む場合は、自筆であることが文学の純粋な味わいを邪魔してしまうのです。自筆原稿には良くも悪くも作家の個性が色濃く反映されているため、読む側が主観に引き込まれてしまうからです。

ですから、作品の魅力をより純粋に読み取ることができるのは、自筆原稿よりも活字になったものといえます。

自筆から活字へとシンボル処理されることで、読者は自筆の持っている個性や生々しさを越えて、作品そのものに込められた深い思いを汲み取ることができるのです。活字を読むということは、脳内における複雑な「シンボル処理のダイナミクス」を、より高度に発達させることに他なりません。

読んだ内容を忘れても読書体験は残る

「読書は脳にいい影響を及ぼす」のは、「シンボル処理のダイナミクス」に限りません。**もうひとつのいい影響は、読んだ本の内容を忘れてしまっても「無意識に蓄積された影響」として脳に残ることです。**そのことについて説明しましょう。


「本を読んでも、すぐに内容を忘れてしまう」

「せっかく読んだのに、細かい内容は忘れて、ぼんやりとしか覚えていない」

「役に立ちそうだし、面白かった……なのに少し時間が経つと内容を思い出せない」

このような経験をしている人は、非常に多いと思います。

そういう人たちは、「せっかく読んだのに内容を覚えていないのでは、それを実生活の場で活かすことができない。それでは読書は何の役にも立たない」と考えているのではないでしょうか。確かに、このように考えてしまう気持ちはよくわかります。巷《ちまた》にあふれる読書法に関する本の多くでは、記憶に定着させる読書法や、読んだ内容を忘れない読書法がもてはやされていますから。

でも、私は読んだ本の内容を覚えていなくてもいいと考えています。読んだ内容すべてをずっと覚えておこうとしなくてもいいし、極端な話、読んだ端から忘れていってもかまいません。

それは、読書を「体験」としてとらえているからです。

自分が実際に体験したことは、たとえ細かい内容や出来事を忘れてしまっても、長い時間を経て突如思い出すことがあります。何かを見聞きしたときに、「ああ、あのとき読んだ本にこのことが書いてあったぞ」と気づくような場合です。

一冊の本を読んでそこから得られる具体的な情報よりも、むしろ二、三年経ってから思い出すような「無意識に蓄積された影響」こそが、その人にとっての読書体験の真の成果といえるでしょう。

「無意識に蓄積された」というのは、意識の上では読んだ本の内容は覚えていなくても、脳の中にその記憶が残っている状態のことです。読んだ本の内容を忘れてしまったのだとしたら、そもそものときはその人にとってあまり重要な情報ではなかったか、そのときはよく理解できていなかった情報なのかもしれません。

けれども、時間を経て思い出した場合は、その人にとって大事な情報に変わっているか、さまざまな経験を経て本の内容を自分のものとして理解できるようになったのかもしれません。

ドイツの哲学者、ショーペンハウアーは、読書について次のように語っています。

「真実と生命は、もともと自分の根っこにある思想だけに宿るもの。私たちが本当に完全に理解できるのは、自分の考えたことだけだからだ。本から読み取った他人の考えは、他人の食べ残し、見知らぬ客人の脱ぎ捨てた古着のようなものだ」

メリットその1

読書というディープラーニングを通して「センスと判断力が養われる」

ここからは「読書がもたらす脳への効果」の三つ目、「読書には実生活で実感できる七つのメリットがある」ということをお話ししたいと思います。

メリットその1は、「センスと判断力が養われる」ことです。

近年、最先端のテクノロジーとして注目されているもののひとつに、ＡＩのディープラーニング（深層学習）があります。

ディープラーニングとは、人の脳の神経回路の仕組みを模したニューラルネットワークを多層に重ねることで学習能力を高めた、機械学習の手法のひとつをいいます。これまでのＡＩには簡単な問題しか解けない、データを覚えさせるのに時間がかかるといった難点がありましたが、ディープラーニングでは複雑な特徴を持つデータを短期間で大量に自己学習させることができます。

そもそもディープラーニングは、脳のシステムをコンピュータで再現しようとするＡＩ研究からスタートしています。人の脳は一〇〇〇億個ともいわれる数の神経細胞からできており、その神経細胞がつながることで回路が生まれ、その回路がさらに他の回路とつながることでさまざまな活動を行っています。

簡単にいうと、この神経細胞のつながり（＝ニューラルネットワーク）を生み出すための強化学習がディープラーニングといっていいでしょう。

そして、この神経回路をつなげるには、データを蓄積することが重要です。つまり、私たちの脳はいろいろな知識や体験をインプットして蓄積することによって、ディープラーニングしているのです。その結果として新たな神経回路ができて、それによって、脳がアップデートしていきます。

そのデータの蓄積にとって、欠かせないことのひとつに読書があります。

たとえば、小説からビジネス、歴史、科学、ノンフィクションなどあらゆる分野の本を読んでいくとセンスが磨かれ、そのうちに、いい文章とそうではない文章の両方がわかる瞬間が来ます。そうしたらディープラーニングができているということになります。

もちろん、ディープラーニングをする対象は、文章に限りません。対象は人間でもいい。小説を読んで、いろいろな人とコミュニケーションをとっていくうちに、自分が好きな人、嫌いな人、親しくつきあうべき人、距離を置くべき人の判断が瞬時にできるようになります。

全方位的に何でも経験することは現実的ではないので、自分が興味のあること、好きなこと、仕事に活かせそうなことなどについて、読書も含めてたくさん接して、とにかくどんどん経験を溜める。そうすることで判断力やセンスが養われていくのです。

メリットその2

創造力が豊かになる

創造力が磨かれることも、読書の効果のひとつです。

新しいものを創造したり、新しい企画や問題の解決方法をひねり出そうとしているとき、脳は側頭葉に蓄積された過去のさまざまな記憶を取り出してきて、新たな記憶と関連づけながら意味づけや修正を行う、つまり編集をしています。*3 この作業こそが「創造」という営みです。この作業を行っているのが前頭前野で、思考や創造性などの高次脳機能を担う脳の最高中枢といわれています。

要するに、前述したように読書を習慣化している人の脳では、前頭前野と側頭葉の間をつなぐ流れがいいため、創造力が豊かになる可能性が高いというわけです。

メリットその3

読書はいい影響だけを脳に残す

また、「読書はいい影響だけを脳に残しやすい」ということもいわれています。

テーマを分けて被験者に読書をさせた場合の影響を調査した研究があります。

一つ目の調査は、「動物への虐待」について書かれた本を読んだ集団と、動物について何も書かれていない内容の本を読んだ集団を比較したものです。読書後、前者は動物愛護に高い関心を示すようになり、後者の動物愛護に対する関心は読書前と変わらないという結果が出ました。これは読者が、「動物への虐待」について読み、結果として「動物愛護」への関心が高まったといえるでしょう。

二つ目の調査では、「暴力的な内容」の文学を読んだ集団と、そうでない集団で攻撃的な思考に影響が表れるかを調べました。結果は、それぞれの集団に明らかな差はありませんでした。

読者の想像力を掻《か》き立てる本の場合は、読書後に読み手に影響を及ぼしたのに対して、ネガティブな内容の本の場合は、そうした影響は表れませんでした。

これは読書が、ポジティブな内容のみを記憶に残しやすい傾向があることを示しているといえます。[*4]

メリットその4

自宅に本がたくさんある家の子どもは学力が高い

私は子どもの頃、親から「勉強しなさい」と言われたことは、一度もありません。「塾に行きなさい」とも言われませんでした。そういうわけで、私は自主的に勉強はしましたが、塾に通ったことも、家庭教師がついたこともありません。両親の教育方針は、徹底的に子どもの自主性に任せるというものでした。

ただ、自宅の父の本棚にはたくさんの本がありました。幼い頃、父に隠れてよく本を読んでいました。その経験が、今の私をつくったと思っています。

さて、私が育った家庭環境、とくに父親の蔵書に関連しているな、と感じた面白い学術論文を紹介したいと思います。

二〇一八年に、学術誌『ソーシャル・サイエンス・リサーチ』に、オーストラリア国立大学と米ネバダ大学の研究者たちが行った、本にまつわる興味深い調査結果が発表されました。彼らは二〇一一〜二〇一五年に、三一の国と地域で二十五〜六十五歳の一六万人を対象にして行われた「国際成人力調査」のデータを分析しました。

その結果、「十六歳の時点で家に紙の本が何冊あったかが、大人になってからの読み書き能力、数学の基礎知識、ＩＴスキルの高さに比例する」ことがわかりました。そしてデータを分析した研究者たちは、「子どもの頃に自宅で紙の本に触れることで、一生ものの認知能力を高められる」と語っています。

調査では、十六歳のときに自宅に本が何冊あったのか、被験者に質問し、その後、読み書き能力、数学、情報通信技術のテストを受けてもらいました。すると、本がほぼない家庭で育った人の場合、読み書きや数学の能力が平均以下という結果が出ました。

自宅に本が多くあった人ほどテストの結果は良く、自宅に八〇冊ほどあった場合、テストが平均的な点数になりました。とはいえ、三五〇冊以上になると、本の数とテスト結果が比例する傾向は見られなくなりました。

さらに、調査によると、最終学歴が高校卒業に満たなくとも、自宅に多くの本がある中で育った人は、本のほぼ置かれていない家庭で育った大卒の人と、大人になってからの読み書き能力、数学、ＩＴ能力が同程度（どちらも全体の平均程度）だということです。このことから、研究者たちは読み書きや数学の基礎知識において、子どもの頃の読書には、教育的な利点が多いと述べています。[*5]

この調査の面白いところは、自宅に本が多いことで鍛えられると予想される能力は、読み書き能力だけでなく、数学の能力も強化されるということです。これは「子どものときに本を読めば、大人になって読み書きが得意になる」という単純な話ではないということでしょう。

また、自宅の本を読んでも読まなくても、効果は変わらなかったそうです。つまり「本をたくさん読めば学力が上がる」という単純な話ではなく、大切なのは「子どもたちが、親や他の人たちが本に囲まれている様子を目にすること」だと研究者は結論づけています。

よく「子どもは、親の背中を見て育つ」といいますが、家に本がたくさんあること、それ自体が「親の背中」なのだと思います。子どもにとっての「普通」は、常に自分の家庭が基準になっています。親が普段から本を読んでいたり、勉強している姿を目にして育った子であれば、「どの家でも、大人とは勉強しているものなんだ」と思います。逆に、親がテレビやスマホ、ゲームばかりやっている家庭の子は、それが大人のスタンダードだと思うでしょう。

家に本がたくさんあれば、たとえ子どもがそれを読まなくても、子どもはそれが大人の

姿なのだと思い、自ら勉強する子になります。

そのためにも、親は本を揃えたり、自ら勉強する姿を見せるなど、まずは自分が手本となる意識を持つことが必要なのです。

メリットその5 低下し続ける「集中力」は読書で養える

スマホやパソコンが普及した現代社会において、私たちにとってもっとも貴重なものになったことのひとつとして挙げられるのが、「集中力」ではないでしょうか。

私たちの脳には膨大な数の手順を同時に処理するという驚くべき能力があるのですが、脳の処理能力には著《いちじる》しく限定された領域があります。それが「集中する」ということです。

通常、私たちの脳は一度にひとつのことにしか集中できないようになっています。「いいや、そんなことはない。自分はマルチタスクで高速で仕事をこなすことができる」という人もいるでしょう。ですが実際は、複数の作業を同時にこなしていると思っていても、ひとつの作業から別の作業へ集中の対象を替えて、行ったり戻ってきたりしているだけなのです。

そして、集中の対象を切り替える際、脳の意識は先ほどまでやっていた作業のほうに残っています。つまり、集中が別の作業に移っても、脳の処理能力の一部は前の作業に残っているということです。これは、集中の対象を元の作業に戻したときも同じです。

脳には、ひとつの作業から別の作業へ移るとき、そしてまた戻るとき、それぞれに切り替え時間が必要で、集中する先を切り替えた後、再び元の作業に集中できるようになるまでには何分もかかるといわれています。

つまり本来、私たちはマルチタスクが苦手なのにもかかわらず、同時に複数のことをしてしまっているのです。たとえば家で映画を観ているときにスマホが手元にあれば、メールやSNSの通知に気をとられて思わず手に取ってしまう。仕事で調べ物をする際に、パソコンの画面に出てくるネットニュースをつい見てしまう。このように常にデジタル的な邪魔が入れば入るほど、気を散らされるわけですが、それをやめることがなかなかできない。

このように、人間の脳は気を散らされるものが多いほど、注意力が散漫になっていきます。とくにスマホが普及してからは、多くの人が以前よりも集中力が落ちたと実感しているのではないでしょうか。

では、脳の中で集中力に関係している場所はどこなのかというお話をしましょう。

脳の前頭葉の前側にDLPFC（背外側《はいがいそく》前頭前野）という部位があります。ここは集中力を発揮するときに使われる回路で、いわば脳の司令塔でありＩＱ（知能指数）とも関係が深いといわれています。

実は読書に集中している状態の脳は、DLPFCが活動している状態だといえます。この部位を鍛えるには、ちょっとややこしいことに集中することがポイントになります。

つまり、ただ読書をすればDLPFCが活動して集中力が発揮されるのではなく、その人にとって少し難しい本を我慢して読むと集中力が高まるわけです。読書中に、スマホが鳴っても気がつかないくらい集中できるようになれば、脳の集中力はかなり高まったといえるでしょう。

さらに、普段からある程度の雑音があるところで集中できるようにしておくと、DLPFCがさらに鍛えられます。たとえば職場で仕事をする場合、オフィスの中は意外とざわざわしているものですが、普段から雑音がある環境に身を置いていれば、職場でも集中力を途切らせることなく仕事に集中できるようになるでしょう。

メリットその6

一日三十分の読書でストレスを軽減できる

読書には、ストレスを解消する効果があるといわれています。

アメリカのミネソタ大学の読書についての研究によると、一日三十分、誰にも邪魔されない静かな場所で、本を読む時間を確保することを勧めています。[*6] ただし、速読ではなく自分のペースで読むほうがストレス軽減効果がより高まります。

そのときにどんな本を読めばいいのでしょうか。

電子書籍でもかまいませんが、夜寝る前に読むという人の場合は、ディスプレイの光が睡眠を妨げることから、紙の本がお勧めです。またストレス解消に適したジャンルとして、ミネソタ大学の研究チームが推奨しているのは、小説や自分の趣味、興味があるジャンルの本、難しすぎない内容の本などです。一方で新聞やニュース記事などはストレス軽減には逆効果になるとか。

私がお勧めしたいのは物語や小説などのフィクション作品です。

脳はストレスを感じると、脳内にストレスホルモンが分泌され、自律神経が乱れ、体調不良や不眠、うつ状態などを引き起こす原因となります。[*7] ところが、物語や小説を読むと**その世界に没頭することで、脳内でドーパミンが分泌され、ストレスホルモンの分泌を抑制する効果が期待できます。**

また物語に没入することで、現実のストレスやプレッシャーから解放され、脳をリフレッシュさせたりリラックスさせる効果もあります。さらに、好きな本を読むことでドーパミンなどの報酬系物質が分泌されて、気分を高める効果も期待できます。

メリットその7 読書は認知症予防に効果がある

「もうこんな歳だし、本を読んだところで何の役に立つわけでもないし……」
「今さら読書で新しい知識を入れるなんてめんどうくさい」
「もの覚えが悪くなって、本を読んでもすぐ忘れてしまうから読まない」

このように、ある程度の年齢になると、読書は時間のムダだと考える人も多いようです。でもちょっと待ってください。本当に歳をとってからの読書はムダなのでしょうか。

実は、読書が認知症予防に効果的であるという可能性が指摘されており、認知症に対する読書の効果についてはすでに数多くの論文があります。ここではアメリカのラッシュ大学医療センターの研究チームによる興味深い研究結果をご紹介しましょう。

この研究チームは、二九四人の高齢者を対象に、死亡するまでの平均五・八年間にわたって記憶力と思考力のテストを毎年行いました。同時に、読書や音楽鑑賞、書き物、チェスのようなゲーム、観劇や美術館・博物館めぐり、子どもと遊ぶなど、脳に刺激を与える習慣があるかどうかについても質問しました。

その結果、幼少期から脳に刺激を与える活動をしてきた頻度に比例して、記憶力や思考力の衰えが抑えられていたそうです。

とくに人生の後半になってから読書などの知的活動を行う頻度の高かった人は、普通程度の人と比較して、認知力の低下は三二%に抑えられていました。逆にほとんど脳に刺激を与える活動をしてこなかった人は、普通程度の人に比べ認知力の低下の速度が四八%速いという結果が出ました。

またこの研究では、対象者の死後、脳の解剖を行って認知症の徴候がなかったかどうかも確認しています。アルツハイマー病は脳内にアミロイドβというタンパク質が過剰に蓄積されるという特徴がありますが、脳に刺激を与える活動を行っていた人は、そうでない人より脳の異常が少ないことがわかりました。[*8]

脳科学では、心臓が死ぬまで鼓動を続けるように、脳も生きている限り変化を続ける、というのが今や常識です。[*9] 実際、いくつになっても神経幹細胞は絶えず新生することが発見されています。だからこそ、いくつになっても読書のような知的活動を続けることによって脳に刺激を与えることは、認知症の予防にもつながるのです。

第2章

「自分の頭で考える人」になるために本を読む

絶対的な権威を疑った漱石

第2章では「自分の頭で考える人」になるためには、権威や才能さえも疑い、自分の価値観によって物事を判断することが大切であることを、かつて私が感銘を受けた本とともに紹介していきます。さらに、自分の軸を持つためのトレーニング法や、読書とＡＩについての見解などについても述べていきたいと思います。

私が心から尊敬している作家のひとりが夏目漱石です。

漱石の作品は、若い頃から繰り返し読んできたにもかかわらず、四十歳をとうに過ぎてから初めてその本当のすごさがわかるというような作品ばかりです。もしかしたら、まだまだ理解できていないところがあるのかもしれませんが……。そう思わせてくれるほど漱石は偉大な作家なのです。

漱石の代表作に『三四郎』という作品があります。私はもう二〇回以上は読んでいますが、読むたびに新しい発見があります。どんな作品か簡単に紹介すると、田舎から上京してきた青年三四郎が、学問や恋愛、人間関係に揉まれていく様子を描いた小説です。

漱石はこの作品の中で、大変深い洞察をしています。

三四郎は東京帝国大学（現在の東京大学）に入学するために、熊本から上京する列車の中で広田先生という人物に出会います。もちろん、そのときは初対面ですから、名前も知らないわけですが……。

その広田先生が、プラットホームにいた西洋の婦人を見て「どうも西洋人は美しいですね」と言う。三四郎が適当に受けていると、続けてこう言います。

「こんな顔をして、こんなに弱っていては、いくら日露戦争に勝って、一等国になってもだめですね。もっとも建物を見ても、庭園を見ても、いずれも顔相応のところだが、――あなたは東京がはじめてなら、まだ富士山を見たことがないでしょう。今に見えるから御覧なさい。あれが日本一の名物だ。あれよりほかに自慢するものは何もない」

時は明治、日本が一生懸命にヨーロッパやアメリカに追いつこうとしていた時代です。ですから、このような言葉にもリアリティがあります。

広田先生の言葉を受けて三四郎は、「しかしこれからは日本もだんだん発展するでしょう」と弁護します。すると広田先生は澄ました顔で、「滅びるね」と言う。

広田先生はさらに続けて言います。
「熊本より東京は広い。東京より日本は広い。日本より頭の中のほうが広いでしょう。とらわれちゃだめだ。いくら日本のためを思ったって贔屓《ひいき》の引き倒しになるばかりだ」
この言葉を聞いて三四郎は初めて熊本を本当に出たという気持ちになります。

漱石が生きていた当時の日本は、明治維新を経て文明開化を成し遂げ、日清、日露戦争という二つの戦争でも超大国相手に勝ってしまったわけですから、たいていの人が手放しで称賛する黄金時代です。司馬遼太郎の『坂の上の雲』を読めば、その雰囲気がわかるでしょう。

しかし、漱石は黄金時代の明治にダメ出しをしています。このままだと日本は滅びると。このような批判的なことを書くこと自体が、漱石のインテリジェンスの表れといえます。漱石自身も英国留学を経験し、西欧列強の底力を思い知らされ、挫折と苦悩を嫌というほど味わっています。ですから、広田先生の批評眼は、漱石の批評眼でもあったのです。

広田先生と言葉を交わした後の三四郎は、なんだか心に引っかかるようなことを言う人だなとは思うのですが、東京に行ったらこんな人はいくらでもいるだろうと、気にも留めません。身なりもみすぼらしいし、三等車に乗っているし、大した人物ではないと思って油断しています。

ところが、東京帝国大学の講義が始まって何日かすると、教授たちは断片的知識をただ並べ立てるだけ。講義というものは、どうやらつまらないらしい、と気づいてくる。そのとき初めて三四郎は、広田先生のことを「大学の講義を聞いてから以来、汽車の中でこの男の話したことがなんだか急に意義のあるように思われだした」と思い出すのです。

広田先生は、旧制高校の先生ですから、大学の教授に比べたら、社会的地位は低かった。しかし三四郎は、その地位が低い広田先生のことを「偉大な暗闇」と称して敬い、帝大などにいる人よりもずっと強く惹《ひ》き付けられていきます。

当時の東京帝国大学の教授というのは、今の東京大学よりもずっと地位が高いと思われていて、みんなが畏《かしこ》まるような雲の上の存在でした。

けれども、漱石は絶対的な権威のあった東京帝国大学の教授のことを「しょせんは空虚な存在だ」と小説の中で書いています。

自分の頭で考え、自分の軸を見つけるためには、絶対的な権威といわれるものに対しても、疑ってかかる漱石のような姿勢が大切なのではないかと思います。

生まれ持った才能さえも絶対じゃない

漱石が疑った絶対的権威は、東京帝国大学に代表されるような「国家」や「大学」というものでしたが、それは明治時代の話だから今の私たちには関係がないといって片付けられる問題でしょうか。

今を生きる私たちの中にもやはり絶対的権威への妄信や執着、憧れがあると思います。たとえば「あの大学に入らなければ、大企業に就職できないし、人生で成功することは難しい」という思い込みを持っている人は、多いのではないでしょうか。

その思い込みの根本にあるのが「偏差値」という絶対的権威です。日本では偏差値という概念がすみずみまで行き渡っています。偏差値が低い人は頭が悪いという偏見、大学のランクで就職先が決まるという偏見を他人に押し付け、自らもその価値を絶対的なものと信じているようなところがあると思います。

ですが、本当にそうでしょうか。偏差値は絶対でしょうか。いい大学に入らないと大企業に就職できないのでしょうか。そもそも、大企業に就職することが人生の成功なのでしょうか。そんなのはおかしい。そうではない世界もありうるかもしれない。そのことを教えてくれたのが、マルコム・グラッドウェルの『天才！ 成功する人々の法則』です。

グラッドウェルは、アメリカ随一の老舗《しにせ》名門誌『ザ・ニューヨーカー』などに寄稿したことで名を馳せた売れっ子ジャーナリストで、数々のベストセラーを生み出しています。『天才！ 成功する人々の法則』は、タイトルが示すとおり、世の中で「天才」と認められる傑出した人たちはどのようにして世に見出され、成功の道を歩むのか。また、いくら才能があっても、潰されてしまう人がいるのはなぜなのか。そういった「才能豊かな人たち」について調査を重ね、その背景を描き出した作品です。

多くの人が「天才？ そんなの、もともと持って生まれた才能でしょ？ それ以外に理由なんてあるの？」と切り捨ててしまうテーマをあえて選び、その本質に取り組んだところが、本書の興味深い部分です。グラッドウェルが挙げる例を見ていくと、「生まれ持った才能に関係なく、どんな人でも、天才的な業績を達成しうるのだ」という信念を持っているように思います。

作品の中では偏差値……正確にいえば、偏差値ではなくＩＱ……の話も出てきます。テストで測れるような知性と社会的な成功は相関するのか。具体的にいうとＩＱが高い人は低い人よりも、本当に偉大な業績を残すのか、ということをテーマに論じています。

ＩＱは潜在能力の高さを総合的に測る指標だといわれています。そうであるならば、ＩＱが高い人のほうが低い人よりも目覚ましい業績を出していることになるはずです。

たとえばノーベル賞受賞者はどんな大学から出ているのか。ハーバード大学など、平均ＩＱがとくに高い人たちが集まる大学に集中しているのか。グラッドウェルは二〇〇七年から遡《さかのぼ》ってノーベル生理学・医学賞と化学賞を受賞したアメリカ人、それぞれ二五人の出身大学を調べています。

そのリストを眺めたグラッドウェルは、「誰もがこれが『圧倒的に頭のいい高校生たちが行きたがる大学のリストだ』とは言わないはずだ」と述べています。

さらに彼はこう続けます。

「ハーバード大学は確かに他の大学よりも多くの受賞者を輩出しているが、ハーバード大学が一番裕福で、歴史的に一番名声のある大学であり、世界中から一番優秀な学生を集めていることを考えれば、受賞者数はもっと多くていいはずではないか？　ノーベル賞受賞者になるには、ノートルダム大学やイリノイ大学といった〝そこそこ優秀な大学〟に入れる能力があれば十分可能である」

極めつきは、「名門校は入学のための煩雑な入学手続きを廃止し、基準点に達した志望者全体を対象に、くじ引きで決めたらどうか」とまで言っています。

これには私も思わず笑ってしまいました。大学ランキングで人生を測ることがどれほどバカバカしいことなのかを、見事に示す提言だったからです。アメリカではハーバード大学に行くことが、ノーベル賞受賞の絶対条件ではないという真実も示してくれました。

日本にも「大学偏差値ランキング」というようなものがありますが、そういったランキング通りに成功が決まっているわけではない、ということにも通じる話だと思いました。

『天才！ 成功する人々の法則』は、世界的ベストセラー本です。言い換えると、世界中の人が面白いと思っている本なので、世界の常識をうかがい知るには最適な一冊ですし、誰もがうなずくようなキラリと光る洞察に満ちています。

日本社会や教育のあり方に対するアンチテーゼとして、つまり〝日本へのダメ出し〟として読んでも面白いでしょう。そのように読めば、日本の常識は世界の非常識、ということがわかるかもしれません。

自分の人生を質入れしてはいけない

先日、仕事上でつきあいのある知人から次のような相談を受けました。

その知人は、会社の方針と自分がやりたいことがずれ始めてきたそうで、会社を辞めるべきか、留まるべきかで悩んでいました。

確かに、難しい問題です。

我慢して会社に居続けることもできますし、思い切って辞めることもできます。どちらを選んだら正解なのか、それは誰にもわかりません。ただ、私が言えることは、そこでひるむのではなく、自分の価値観に従ってどちらかを選ぶ決断をすることが大切だということです。決断を下すことは、自分の人生の主役になることだからです。

自分の哲学や価値観が育っていない状態だと、自分のプリンシプル（原理・原則）がない状態ですから、そもそも選ぶことができません。それは自分の人生を誰かに質入れしているようなものです。

そうではなく、自分の指針で自分の人生を選べるような人になる。これこそが、自分の軸――言い換えるならば自分のプリンシプル――を持った人の振る舞いなのだと思います。

プリンシプルについてもっとよく知りたければ、白洲《しらす》次郎の『プリンシプルのない日本』という本をお勧めします。

白洲次郎は戦前にイギリスに留学し、外からの視点で日本という国を眺めることができた人です。戦後はＧＨＱ支配下の日本においてアメリカ側と折衝し、今後の日本のあり方について深い洞察を巡らせてきた人なだけに、彼の言葉は含蓄に富んでいます。

その著述を読むとよくわかるのですが、日本人の生活態度には、プリンシプル――つまり、物事に対したときの原理・原則――が欠落しています。自分はどういう人間か。ある出来事に遭遇したときに、どのような行動をとるべきか。あるいは人間とは何か。人生とは何か。そういった事柄を考える際の原則です。

白洲次郎は、「一貫して政治家や役人を信用していなかった。権威をカサに着る連中が嫌いだったのです。

白洲は、日本がプリンシプルを持たない限り、いつまでも敗戦と戦後を終えられないと考えていた。ここでいうプリンシプルを持つということは『こちらの筋を通す』という意味です。つまり、敗戦後のアメリカとの交渉において〝対等〟を通すということ。
ただし、白洲は、必要に応じては妥協もかまわないと言っています。しかし、同時に『プリンシプルのない妥協は妥協ではない。単なるごまかしかへつらいなのだ』とも言っています」[*1]
どんな状況下でも、プリンシプルを貫いた白洲次郎の生き方は、自分の指針で自分の人生を選ぶための羅針盤になるかもしれません。

自分の軸となる作品を見つける

最初から最後まで好きでたまらず、何度も読み返してしまう本というのは、人生の中でも限られた冊数しかないのではないかと思います。私の場合は、後述する（第3章で紹介する）『赤毛のアン』や『皇帝の新しい心』などがそうです。

自分の軸となる作品を「カノン」と呼びます。もともとはキリスト教の言葉で「教典」「動かせない柱」という意味です。

「特殊相対性理論」や「一般相対性理論」で有名な物理学者アルベルト・アインシュタインは、セルバンテスの小説『ドン＝キホーテ』を繰り返し読んだといわれています。『ドン＝キホーテ』はアインシュタインのカノンだったわけです。

『ドン＝キホーテ』は、中世の騎士道物語に影響を受けすぎて常軌を逸した田舎の騎士・ドン＝キホーテが、みずから遍歴の騎士となり世の中を正すべきだと信じて、冒険に出る物語。その道中で三〇～四〇基の風車を見つけ、退治すべき巨人が化けたものと思い込み、突進していく場面が有名です。

アインシュタインは病気で調子がよくないときは、よくベッドで読んでいたそうです。ドン＝キホーテが無謀にも風車に立ち向かっていく姿に自分を重ねて、勇気を奮い立たせていたのでしょうか。あるいは、その滑稽な姿を笑うことで元気を出していたのでしょうか。

ドン＝キホーテの頭の中はすべてが妄想なのですが、「妄想」と「本当の世界を変える偉大なビジョン」との違いは、実はわずかなのかもしれません。

十六歳のときに抱いた「光を光と同じ速度で追いかけたら、光は止まって見えるだろうか？」という疑問を、「相対性理論」という形で答えを見つけるまで、しつこく追究しつづけたアインシュタインにとっては、無謀な戦いを挑んでいくドン=キホーテは仲間に思えたのかもしれません。

自分にとってのカノンを見つけることは、その人固有のストーリーを見つけるということでもあるのです。

自由な発想を養うトレーニング

自分の頭で考え、軸となる基準を持つということは、人生の中で大切にしている物事の優先順位を知ることにもつながっていきます。

さらにいうと、自分の軸ができれば、独自の判断基準が生まれるため、情報の取捨選択もできるようになる。すると、多くの人々が陥っているようなテレビやネットの情報に惑わされることもなくなります。

自分の基準となる軸を育てるためには、自分の中にある自由な発想を養うトレーニングをしてみることをお勧めします。

私自身が実践しているトレーニングを紹介しましょう。

先日、日課であるランニングをしているとき、あるイタリアンレストランを見つけました。そのときに「このお店はなかなか良さそうだな」と感じたのですが、そのときは通り過ぎてしまいました。その後も、お店の前を通り過ぎるたびに、「良さそうだな」と感じるので、思い切って食事をしに行ってみたのです。

「良さそうだな」と感じた通り、とてもおいしくて居心地のいいレストランでしたが、お店のご主人と話をしていると、思いもよらぬ話が飛び出してきました。

実はＡＫＢ48をプロデュースしたことで知られる音楽プロデューサーの秋元康さんも、そのレストランによく食事をしに来られていたそうです。ご主人の話によると、「ある日、秋元さんが車で店の前を通ったときに〝このお店は絶対においしいに違いない〟と感じてくださったそうです。茂木さんと同じですね」とおっしゃっていました。

この話を聞いたとき、「こうやって感覚は養っていくものなのだな」と気づくことができました。

日本では「ここはおいしい店だ」というネットのグルメ情報や口コミ、ガイドブック、誰かからのお墨つきの情報を得ることがグルメであり、そうした情報をたくさん持っていることが食通だと思っている人が多いですが、それは自由な発想とはいえません。自分で情報を取りに行って、自分の基準で選んだものが、自分の中にある自由な発想を養うのです。

秋元さんのように、通りすがりの店を見て「絶対にこの店はおいしいだろうな」と判断できる人が、自分の基準となる軸を持っている人といえます。

とはいえ、いきなり自分の感覚だけを頼りに自分の好みに合ったお店を見つけるのは難しいかもしれません。時には期待外れに終わることもあるでしょう。ですが、そうやって何度も失敗を繰り返していくうちに「ここはなかなかおいしそうだな」という感覚が少しずつ身についていくものです。

これは別に食事に限った話ではありません。本や音楽、美術だっていい。未知の領域に、自分で判断して飛び込んでみることが、自分の軸を養うトレーニングになるのです。

自分で考えてもわからないときは先人の知恵を借りる

未知の領域に飛び込んでいく以外にも、自分の軸を養う方法があります。

それは先人の知恵を借りることです。

たとえば仕事をしていて、上司から次のようなことを言われた経験はありませんか。「自分で考えて、自分なりの答えを出してごらん」と。でも、いくら考えても自分なりの答えに行きつかないこともあるのではないでしょうか。

そのようなときに、哲学的な素養を持っていることが大きな武器になります。哲学というと、なんだか難しいものだと敬遠しがちですが、哲学は私たちの身近な生活の中でも役に立つことばかりです。

たとえば、最近話題になっているコンビニエンス・ストアの二十四時間営業の見直しについてどう考えるかということも、倫理の根底を探っていくと、哲学者のカントが『実践理性批判』で提唱する「汝《なんじ》の人格やほかのあらゆる人の人格のうちにある人間性を、いつも同時に目的として扱い、決して単に手段としてのみ扱わないように行為せよ」という命題に突き当たります。

これは、「すべての人間が相手の人格を手段ではなく目的として扱うことで、互いの人間性を最大限に尊重し合って生きていく関係」を基盤にして成り立つ理想の社会を意味する言葉です。

自分がいつでも好きな時間に買い物をしたいからコンビニは二十四時間営業であってほしいというのは、コンビニの店員の人格を手段としてのみ扱うことになります。人格を「モノ・コト」として取引の手段や道具として扱う（＝利用する）ことです。一方で、人格を目的として尊重し合うなら、他者（この場合、コンビニの店員）をかけがえのない人として尊重し、「モノ・コト」扱いしないことです。つまり、相手の人間性を尊重するならば、自分の利便性のためにコンビニの店員を深夜まで働かせることに対して、自分はどう相手と接するべきか、あるいはそもそも深夜に働かせるのは相手を尊重していることなのかどうかを考慮しなければならない、ということです。

そのように考えていくと、カントの哲学を素養として身につけていくことは、生活の中で決してムダになることはありません。むしろ、とても大事なことではないでしょうか。


さて、哲学的な素養が大きな武器になるという話に戻しましょう。

私がこれまで生きてきた経験からいうと、難問が降りかかったときに、その答えや解決方法は、すでに誰かが出していることが極めて多いです。そのため、哲学的な素養が武器になるのです。

長い歴史の中で、多くの偉人や成功者たちが時間をかけて考え抜き、実行してきた答えが哲学といえます。いろいろな情報にアクセスできる現在、私たちはそれらを本でもネットでも簡単に手に入れられます。

したがって何かに困ったときも、哲学という素養を身につけ、先人の知恵を参考にすれば、自分だけで考えてもわからないことがわかります。また、自分で見つけたと思った答えが正しいのかどうか心配なときも、先人の知恵を探って答え合わせをすればいいのです。

「オタク」こそ自分を持っている

オタクとは、対象が何であれ、周りが驚くくらいの時間やお金、エネルギーといったリソースを注いで、自分の好きなジャンルを徹底的に深掘りできる人たちです。言うなれば、確固たる自分を持っているといえます。さらにいえば、既存の権威に阿《おもね》らない人たちです。だからこそ、かつては「オタク」と揶揄《やゆ》されていたわけですから。実をいうと、私は子どもの頃からのディープな蝶オタクです。今でも仕事の時間が空くと、蝶を扱っている昆虫屋さんをのぞいたり、毎朝の日課のランニング中には、蝶を探しながら走るのが楽しみになっています。

私が蝶に興味を持ちはじめるようになったのは、五歳くらいの頃からでしょうか。それからは、珍しい蝶を捕まえに近所の森や神社に通い詰めました。小学生の頃には、日本鱗《りん》翅《し》学会という蝶や蛾《が》を研究対象とする学術団体に加入したり、近所に住んでいる昆虫学が専門の大学生のところへ弟子入りしていたほどのオタクぶりでした。

蝶を追いかけているうちに、どんな種類の蝶がどこにいるのか、どんなルートを飛ぶのか、どんな蝶が珍しいのかなど、蝶の生態にどんどん詳しくなっていきました。やがて科学全般にも興味が広がっていき、講談社から出版されている「ブルーバックス」という、一般向けの科学書シリーズを読むようになりました。わかりやすく書かれている本だとはいえ、小学校の算数や理科とはまったく関係のない「相対性理論」「素粒子物理学」「宇宙論」「生命の起源」などをテーマとした本に手を出すようになっていったというわけです。

そのうちにアインシュタインの伝記に出合い、科学者としてのあり方に惚《ほ》れ込んで、将来は科学者になろうと決めました。

好きなことにのめり込んでいくうちに、芋づる式にさまざまな素養が自然に身についていくというのが、オタクになるプロセスです。そして幸運なことにそのプロセスを踏んできたからこそ、私は今、脳科学者になることができたと思っています。

最近の大学生と話していると、オタクになるプロセスを経験していない人たちをときどき見かけます。要は、学校で教わったことしか知らないというか……。受験のための勉強だけを必死になってやってきた人は、大学を出るまではそれなりに優秀な成績を修めます。ですが、いざ社会に出ると「自分はいったい何をしたいのだろう？　本当にこれでいいのだろうか？」と、自分のアイデンティティを見失ってしまうことがあるかもしれません。

一見すると、遠回りに感じられるかもしれませんが、自分が好きなことにのめり込んでしまうことが、充実した学びを得られる一番の近道なのです。楽しいことだと、人は学ぶことが苦痛ではなくなりますから、興味のあることならどんどん突き詰められるものです。

好きなことを突き詰めた結果、何が待っているのか——というと、テクノロジーの進化によって、これまで見向きもされなかった人たち（＝オタク）が、社会で活躍できるようになりました。

その好例は、フェイスブックの共同創業者であり、メタの会長兼CEOを務めているマーク・ザッカーバーグでしょう。

彼は小学生の頃にパソコンを買ってもらったことからプログラミングを始め、中学生になると「ゲームをつくる」ようになります。高校時代には、友人と音楽配信サイトを立ち上げ、そのアイディアをマイクロソフトなどから一〇〇万ドルで買収したいというオファーを受けますが、拒否しています。ザッカーバーグはこの頃から、周囲から天才と呼ばれるようになっていましたが、傲慢で内気な性格ゆえに本当の友人といえる人は少なかったそうです。

ハーバード大学に入学したザッカーバーグは、天才ハッカーとして有名になり、講義情報ソフトの「コース・マッチ」や美人投票ソフト「フェイスマッシュ」といったサイトを半年足らずで立ち上げています。いずれも学生たちの間で人気になりますが、「フェイスマッシュ」の作成にあたり、大学のサーバからの学生の写真の盗用などで謹慎処分も受けています。

その処分が、かえって彼の起業家精神に火をつけることになり、フェイスブックを立ち上げるきっかけになりました。フェイスブックはすぐさま爆発的な人気となり、サービス開始からわずか一カ月で、ユーザー数一万人を突破したということです。[*2]

ザッカーバーグの今の成功は、幼少期からプログラミングという自分が大好きなことにのめり込み、徹底的にオタクになったことで得られたものでした。研究の虫で人とコミュニケーションを取るのが苦手な学生であっても、世間からオタクと呼ばれる学生でも、テクノロジーを駆使してイノベーションを起こすことができるのです。

ですから、もしあなたがメジャーではないオタクっぽい趣味・嗜好《しこう》を持っていたとしても、あるいはご自分のお子さんが鉄道図鑑ばかり見ている、ゲームをしたりアニメばかり見ているなどで心配や不安を抱いていても大丈夫です。

これからの時代、オタクな人ほど、大きなムーブメントを起こす可能性があるのですから。

ＣｈａｔＧＰＴを使うと脳はどう感じるのか？

生成ＡＩによる対話型サービス、ＣｈａｔＧＰＴは、オンライン上の文章やニュースなど大量のテキストデータを読み込み、利用者の求めに応じて文章を作成する仕組みになっています。それを利用して、レポートを作成したり、ＳＮＳで自分の発言であるかのように発信したりすることが日常的になってきています。

それは、「ズルをしてテストで一〇〇点を取る」ことと同じかもしれません。瞬間的には、先生に評価されたり、ＳＮＳで発表することで「いいね！」の数やフォロワー数が増えたりと、それなりにいいことがあるかもしれませんが、自分自身の脳が喜ぶかというと、そうではありません。

ＣｈａｔＧＰＴの力を借りて文章をつくっても、脳への負荷がかかっていないため、何の喜びも得られないし、自分自身も成長しません。

以前、解剖学者の養老孟司さんとのやり取りの中で、とても印象的なことがありました。

私が、ある自然科学系雑誌の特集号の編集をすることになったときのことです。記事の執筆を養老さんにお願いすることになりました。

そこで、養老さんはお忙しいだろうから、原稿の書き下ろしを頼むよりも、私が話を聞いてそれを文章にしたほうがいいだろうと考えて提案したのです。すると、養老さんは「それは、自分で書いたほうがうれしいでしょう」とおっしゃいました。

文章を自分で書くということは、自分が試されていることではありますが、確かに「そうだ！　うれしいことだった！」と私は改めて気づかされ、ドキリとしてしまいました。効率的にこなすことばかり考えていると、「うれしい」ということをついつい忘れてしまいます。

文字を自分の脳の中から絞り出して文章にするという行為は、負荷がかかってヘトヘトになりますし、効率が悪いかもしれないけれど、だからこそやり遂げたときの脳は本当に喜び、成長するのです。

四二・一九五キロのフルマラソンを、途中の一〇キロくらいを車に乗って楽をして、また走り出してゴールをしたとして、それでうれしいのかというと、やはり最初から最後まで自分で走るから楽しいのでしょう。それで鍛えられて初めて充実感や喜びが残り、次につながるわけですから。

ＣｈａｔＧＰＴは子どもの教育に必要？　不要？

前項で、「ＣｈａｔＧＰＴで文章をつくっても、脳への負荷がかからないため、自分自身の成長につながらない」と言いましたが、だからといって私はＣｈａｔＧＰＴそのものを否定しているわけではありません。

実際にＣｈａｔＧＰＴは、メール作成や文章の要約・翻訳、調べ物、プログラミングの簡単な関数の作成、設計上のミスがないかのチェック、献立作成など、その用途は多岐にわたっており、効率アップにもつながっているため、なくてはならない存在になりつつあります。そういう私自身も、自分の研究にＣｈａｔＧＰＴを活用しています。

ただ、その使用に関しては課題や問題もあります。そのひとつに、「教育の分野においてＣｈａｔＧＰＴを活用すべきか否か」という課題があります。海外の一部の学校では、生徒の思考力低下につながるとして、ＣｈａｔＧＰＴの利用を禁止しているところもあるくらいです。

私は、教育の現場にＣｈａｔＧＰＴは必要だと考えています。というのは、今やＡＩは当たり前のものとして至るところにあるので、それに対応できなければ今後の社会では生きていけないと思うからです。

ただし、次に挙げる三つの点で注意が必要なことも確かでしょう。

一つ目は、今、研究者の間でもっとも話題になっている〝ハルシネーション（ＡＩの幻覚）〟の問題です。ハルシネーションとは、ＡＩが事実に基づかない情報を生成する現象のことで、ＡＩがまるで幻覚をみているかのように、もっともらしい嘘（事実と異なる内容）を出力しているため、このように呼ばれています。

今のＡＩは、何か質問されると「知らない」とは言えないようになっています。したがって、質問に対して正しい答えを知らない場合でも、事実とは違う答えをでっちあげてしまいます。

これはＡＩの危惧すべき点なので、子どもだけで使うのは危険です。子どもがＣｈａｔＧＰＴを使うときは、学校の先生や周囲の大人が一緒のときに限定し、「それは事実とは違うよ」といったように知識や常識を教えてあげるべきでしょう。危険だからといってAIから遠ざけるのではなく、子どもの頃からAIに慣れておくことはリテラシー（ある分野に関する知識や能力を活用する力）として必要です。

二つ目は、ChatGPTがつくった文章をそのまま読書感想文や論文、レポートなどに転用してしまうという問題です。AIが生成した文章と人が書いた文章を判別する技術についての研究は進んでいるものの、現状では完璧に見破るのは難しいといえます。そのため、人が書くべき論文などをAIに〝代筆〟させるという不正が起きる可能性があります。

三つ目は、ChatGPTに頼りすぎると、記憶力や文章力などが低下してしまうという問題です。将棋棋士の藤井聡太さんのように、AIを活用することで自身の能力を上げられるような使い方ができればいいのですが、子どもが自分ひとりの力でそれを成し遂げるのは、なかなか難しいでしょう。

そこで教育現場において、ChatGPTをうまく活用するための方策を講じる必要があると思います。その大前提として、「人間力を高めること」を教育現場でやっていくことが必要ではないでしょうか。

具体的には、ＣｈａｔＧＰＴはあくまでも補完的なツールとして活用し、文章を自分で書くことや、自分で考えるクセをつけさせることで、自分の能力を高められるように導くことが大切です。ＡＩが生成する情報の真偽を判断できる力を身につけさせることや、なぜＡＩを不正使用することがよくないことなのかも含めて、ＡＩを不正に使わないように教育することも大事です。

子どもも大人も含めて、私たちの生活にＡＩが当たり前のものとして入り込んできている今の時代においては、ＡＩに対していたずらに脅威を感じるのではなく、ＡＩと共存するためにＡＩとどうつきあっていくか、ということのほうがよほど大事だと思います。そして、ＡＩとうまくつきあっていくためには、私たちの人間力が問われているように思います。[*3]

紙の本と電子書籍の二刀流で使い分ける

私は紙の本と電子書籍、それぞれの良さを享受しながら使い分けて読んでいます。

両者の使い分けについては、本のジャンルや目的、必要性などによって決めればいいと思います。「このジャンルは電子書籍でいいけど、この作家の本は紙の本で読みたい」とか、多読用には電子書籍、じっくり読みたい精読用には紙の本といったように。

ちなみに、多読用は電子書籍で、精読用は紙の本でという使い分けは理に適《かな》っています。

電子書籍の利点は「持ち運びに便利」なところです。移動中に本を読む場合、以前は何冊かリュックサックに入れて持ち歩いていたのですが、何冊もの本を持ち歩くのは重いし、嵩張《かさば》るので、電子書籍によってその労力から解放されたことは非常に大きなメリットでした。

電子書籍は「保管に場所をとらない」ことも利点です。私は自分で買って読む本も多いですし、出版社や知人から本をいただくことも多いので、本の数がどんどん増えていきます。そうなると保管場所だけで相当のスペースをとるため、これには頭を悩まされますが、電子書籍ではその心配がいりません。

精読用として紙の本のほうが優れている理由は、深い読み方ができる点です。何度も読み返して行間を読むことができます。また、これは精読に限った話ではないのですが、

「全体を見渡しやすい」「気になった箇所を探しやすい」「出来事の順番や時系列が頭に入りやすい」という利点も挙げられます。

「全体を見渡しやすい」というのは、紙の本は一冊全体をパラパラと見通すことができますし、本の厚みから「今、どの辺りを読んでいるか」の目星がつけられたり、一冊全体のボリュームを手で感じることもできます。本の重さや厚みが与える量的な感覚は、読者にとっては読書をする上で「ここまで読み進められた」という励みになったり、喜びにつながる大切な要素になります。

「気になった箇所を探しやすい」とは、「あの話はあの辺りにあったな」という漠然とした検索をする場合、紙の本のほうが断然探しやすいということです。電子書籍には紙の本のような厚みがないため、直感的に本の全体像や現在地を把握しづらく、そういった検索がしにくい。ただし、キーワードを入力して特定の単語を探すなら電子書籍のほうが断然速いです。読書中にわからない言葉が出てきた場合、そのままネットで検索することもできるのでとても便利です。

電子書籍は目的がはっきりしているときは使いやすく、紙の本は広く見渡したいときには便利――というように役割に違いがあります。

「出来事の順番や時系列が頭に入りやすい」という点については、次のような研究報告があります。

ノルウェーのスタヴァンゲル大学の研究者、アン・マンゲン氏らの研究では、五〇人の被験者に二八ページの短編小説を読んでもらうという実験をしています。二五人にはペーパーバックで、残り二五人には電子書籍で読ませた後、物語に登場する人物や物、設定などいくつかの点についてテストを実施しました。

登場人物や設定や内容の理解度を思い出すことに関しては、どちらのグループも同程度の成績でした。ところが、ストーリー内の一四の場面を時系列に並べるテストを行ったところ、電子書籍で読んだ人は、ペーパーバックで読んだ人よりも著しく悪い成績になりました。

この結果に対して、マンゲン氏は「電子書籍には紙の本が読み手に与えるようなストーリーの再現を助ける力がない」と指摘し、「物語の進行に合わせて紙をめくっていくという作業が、一種の感覚的な補助となる。つまり、触覚が、視覚をサポートしてくれる。おそらくこのことが、読書の進捗度合いと、物語の進行度合いを、よりはっきりと印象付けるのでしょう」と語っています。[*4]

電子書籍と紙の本では、読むのに適した場所も違うし、手軽さも違うし、触り心地も違います。

同じ本でも電子書籍で読むのと紙の本で読むのとでは、情報を得ているという意味では同じでも、体験としては違うものになるでしょう。

たとえば、映画をスマホで見るのと、映画館で観るのとでは体験の質が違います。ですから、映画がどこでも見られるようになっても、映画館で観るのを楽しみにしている人々はなくならないのです。

あのとき誰とどんな道を通って映画館に行ったとか、周りの人の様子なども含めて、体験はつくられていきます。本も内容だけで記憶が形成されるものではありません。その本を読んでいた時期や季節、そのときの自分の心情なども含めて読書体験といえるのです。

第2章で扱ったブックガイド

『三四郎』夏目漱石

『坂の上の雲』司馬遼太郎
『天才！　成功する人々の法則』マルコム・グラッドウェル著、勝間和代訳　講談社
『プリンシプルのない日本』白洲次郎　新潮文庫
『ドン゠キホーテ』セルバンテス

第3章

自分の世界を広げていくための読書

本を読むと言語能力が劇的に向上する

第3章では、第2章で説明した「自分の頭で考える人」になるための考えや行動を足掛かりにして、「自分の世界を広げていく」ための読書について語っていきます。一冊の本との出合いが、新たなアイディアを得たり、自分の進むべき道を見つけたり、社会のあり方を考えたりするきっかけになるのです。

読書は、子どもの脳の成長にとって、非常に重要な役割を果たします。

当たり前のことですが、生まれたばかりの赤ちゃんでいきなり話せる子はいませんし、相手の言っていることを理解できる子もいません。そんな赤ちゃんが、成長とともに言葉を話せるようになるのは、親など周囲の人の話す言葉を何度も聞いているうちに、大量のインプットがなされ、脳に知識と言葉が蓄積されていくからです。

まだ文字を読めないくらいの年齢の子どもにとっては、赤ちゃんのときと同様に会話によるインプットや読み聞かせが主流です。しかし、会話や読み聞かせによるインプットは、どうしても量、質ともに限界があります。そこで、ある程度の年齢になった子どもにとってのインプットには、読書が適しています。

文字が読めるようになった子どもは、本から知らない言葉や知識を覚えはじめます。そうなってくると、インプット量が劇的に増えていくため、脳内に蓄積される知識と語彙は、加速度的に増え、それに従って自分の世界が広がっていきます。

本の良いところは、親や友人と話す言葉とは違う複雑な表現が、数多く使われている点です。たとえば、単に「楽しい」という表現と「紆余曲折《うよきょくせつ》はあったけれど、今はようやく楽しいと思えるようになった」という表現では、楽しいという言葉に含まれるニュアンスがかなり異なります。

語彙力の高い人は、紆余曲折という言葉から、いろいろなことがうまくいかずに遠回りしてようやく楽しいと思えるようになったというイメージを感じ取ります。ところが、紆余曲折という言葉を知らなければ、そういったニュアンスの違いを理解することは難しいでしょう。

若い人たちがよく使う俗語（スラング）に「エモい」という言葉があります。エモいとは、英語の「emotional（エモーショナル）」に由来し、「心が揺さぶられて、何とも言えない気持ちになること」という意味で使われます。

エモいは、うれしいときも悲しいときも使えるため、エモいという言葉に慣れ親しんでいる人たちは、どんなシチュエーションでも「エモい」の一言で済ませてしまうようです。それは、私たちの脳は使い慣れている言葉でできるだけ対応しようという傾向が強いからです。

エモいを悲しいという意味で使うなら、「情緒的な」「切ない」「感傷的な」「物悲しい」のようにさまざまな表現があり、それぞれ少しずつニュアンスが違ってきます。こうしたバリエーション豊かな語彙力を習得できるのが読書の利点で、子どもの言語能力の促進にもつながります。

話す力と書く力という観点から見ても、言語能力が高いことはさまざまな場面で役に立ちます。仕事で企画書を書くにしても、プレゼンテーションをするにしても、書く力と話す力があってこそ説得力が生じます。読書によって言語能力が向上することは、子どもだけでなく大人の脳の成長にも欠かせないということです。

「どれだけ多くの人の立場で考えられるか」で知性が試される

私の大学院時代の指導教官であった若林健之先生（当時、東京大学理学部物理学科教授）が話されていたことで印象深かった逸話があります。

DNAの二重らせん構造を発見しノーベル生理学・医学賞を受賞した科学者フランシス・クリックは、イギリスのケンブリッジ大学に在籍していた当時、週末ごとに両手では抱えきれないほどの論文を持ち帰っていたというのです。

後に、私自身がケンブリッジ大学に留学したとき、若林先生の話が思い出され、「なるほど、勉強とは読むことなんだ」ということを身をもって悟りました。**勉強というと、受験勉強に代表されるような机にかじりついて暗記したり、計算をしたりすることのように世間では思われているようですが、本来の勉強とは読むことが基本なのです。**

それは私の経験からもいえますが、博士課程の大学院生や研究者など、脳科学のプロが集まって、研究室で何をやっているのかというと、それはずばり「読む」ことです。

私が教えていた研究室のゼミでは、世界中で発表されている膨大な論文の中から、ゼミ生たちが選んできたものを読んで報告し合っていました。

発表の担当者が「この論文ではこんな実験をして、こんな結果を導いています」と発表してみんなで議論するのですが、新しい実験についてみんなで情報を共有することだけが目的ではありません。

発表の担当者が、なぜその論文を選び、どこに面白みを感じたのか。その論文を書いた研究者は、本当はどんなところに興味があって、どうしてそのような実験を考案したのか。たとえゼミの発表者の興味とは違っていても、論文の著者たちは、面白いと思って実験をしているわけですから、彼らの興味の方向性を理解した上で、問題点を挙げるとすればどこか。

そういったことを話し合っていました。

このようにして論文を「読む」のは、「自分以外の誰かの目線に立つことができるかどうか」が科学の重要な要素だからです。**科学の特徴といわれる「客観的に物事を見る能力」「自分を離れて徹底的に検証する能力」などは、一見すると非人間的で冷たいような印象を受けますが、実は「自分以外の人の気持ちになる能力」なのです。**

科学に限らず、知性というのは「どれだけ多くの人の立場で考えられるか」だと私は考

えます。それは「読む」ことによって養われる能力なのです。

私の尊敬する友人に、デイヴィッド・チャーマーズというオーストラリアの哲学者がいます。一緒にお茶を飲んでいるときに、彼がこんなことを言っていました。

「どんな本にでも、いいところが見つけられるものだね。たとえつまらない本であっても。だから選ばずに読むんだ。僕は本が好きなんだ」

デイヴィッドのように、つまらない本の中にもいいところを見つけることができたら、それはもう読書の達人です。ですが、そのためには教養がなければならない。そのためには「本」という滋養が必要です。

どんな本の中にも、自分の知らない情報があるものだし、自分と違う意見があります。それらに出合うことで、感動したり、違和感を覚えたり、これはどういう意味なのだろうと考えたりする。それが「自分の世界を広げる」ということなのです。

本を読むこと＝自分の経験を増やすこと

「本を読む」ことは、「自分の経験を増やす」ことだといえます。

たとえば小説を読むと、主人公の人生を追体験することができます。小説の中では、自分の人生で経験できないことや、自分の人生には起こりえない事件に遭遇したり、風景を想像したりすることで、自分の感情が実際に動くのを感じるでしょう。

小説でなくても、文章を「読む」ということは、自分とは違った人の考え方や人生を追体験することです。書き手の思考の道筋を、文章を読むことによって一緒になってたどり、自分とは違う人の感じ方や考え方を自分のペースで発見していくわけです。

一冊の本の中には、単に情報や知識を得るだけではなく、ひとりの人間と何度も食事を共にして、仲良くなってから初めてわかるような深い思考が披露されています。読書をたくさんするということは、あいさつ程度の人間関係とは違う、濃い人間関係をたくさんの人（＝本の作者）と持てるということでもあります。太宰治やドストエフスキーと何度も食事を共にするようなものです。だからこそ、これまでの自分とは違う視点ができていく。これが読書なのです。

グーグルの元CEOであるエリック・シュミットの『第五の権力』は、まさに自分とは違う人生を生きる人の深い思考を体験できる本で、「こんなにも広く世界を俯瞰《ふかん》して、深く考えているのか」と驚かされます。

国境などなく人々をつなげてしまうインターネット技術と、「境」をつくって別々の存在になろうとする国家とは、どういう関係にあるのか。

独裁国家の国民みんなが安価な携帯電話で世界とつながれるようになったら、どんな変化が起こるのか。どんな独立グループが出現するのか。情報を提供しようとする人には、どんな技術的保護が必要なのか。

また逆に、民主国家で情報がすべてオープンになってしまうと、どんな事態になるのか。どういった管理が必要なのか。プライバシーとは何か。

そういったことを、著書の中でエリック・シュミットは徹底的に考えています。

一冊の本には、賢い人の一万時間の経験が凝縮されています。

一方で、一冊の本に書かれている知識をインターネットを使って集めて勉強するとなると、かなりの時間と労力がかかってしまいます。それが世界最高峰の人が書いた一冊の本であれば、手軽にまとまった知識を手に入れることができるのです。

しかし、「まとまった知識なんかなくても、ネット上にある膨大な知識はいつでもアクセス可能なのだから、わざわざ本を読み込んで頭の中に蓄えておく必要はない」と考える人もいるでしょう。確かにネット上の膨大な知識はいつでもアクセスできるため、まるで「外部に設置した自分のもうひとつの脳」であるかのようです。

実際、インターネットはいつでもアクセス可能で便利ではありますが、インターネットのような自分の外にある「外部の知識」と、自分の脳の中に実際に蓄えられた「内部の知識」は違います。

本を読むことは、情報をそのまま脳にコピーすることではありません。自分の感情を動かすことであり、体験することです。そして、自分以外の誰かを理解することでもあります。

また、読書によって脳の中に蓄積された知識は、「発酵」して育つものです。取り入れられた知識は、自分の過去と未来の経験とが結びついて新しい意味が見出され、知らない間に発展していきます。こういった発酵のプロセスを経て初めて「知性」や「見識」として定着していくのです。

本はネットよりも断然コスパがいい!

ビジネスパーソンの方なら、一度は「仕事で使える新しいアイディアが何かひらめかないものだろうか」と考えたことがあるでしょう。ですが、いつも同じような生活や行動をとっていては、新しいアイディアは生まれてきません。だからといって、いつも新しい場所に出向き、新しい価値観に触れるといったことはなかなかできるものではありません。そこで、役に立つのが読書です。

私は子どもの頃から、たくさんの本を読んできましたが、大人になった今でもいろいろなジャンルの本をバランスよく読んでいます。本をたくさん読んだことが、思考のひらめきの元になっているのは間違いありません。

本には、私たちがこれまで知らなかった知識や価値観がふんだんに書かれています。そういった未知の情報から脳が刺激を受けると、新しいアイディアを生み出すきっかけになります。

前項で書いたように、読書は自分とは違った人生を送ってきた人の考え方や感じ方を知ることができる最高のコンテンツです。試しに、知りたい分野の本を何冊か読んでみてください。おそらく、自分ひとりでは考えもつかなかった広い視野や新しいアイディアを得ることができるはずです。

日常生活においては、よほど親密な人間関係を築いていなければ、他人の考え方をじっくり聞いて知る機会はほとんどないでしょう。ましてや、世間的にも高く評価される著名人の考え方を知る機会などは、その人の講演会に足を運ぶか、そうでなければ特別なコネクションでもない限りあり得ないことです。

ところが、本ならば、著名人たちの考え方や方法論、アイディアなどが、簡単に手に入ります。しかも、（ある分野を研究している人向けの専門書ではなく）一般向けの本であれば、一〇〇〇円から二〇〇〇円程度の出費しか必要ありません。そう考えると、読書がいかにコストパフォーマンスが高い情報収集法かがわかるはずです。

また、これから自分が知りたいと思う分野に関する本を読むならば、異なる著者の本を少なくとも五冊は読んでみてください。同じ分野の専門家でありながら、全然違う考えを記述していたり、場合によっては真逆の考え方もあるため、さまざまな著者の意見を知ることで、より幅広い考え方が身につくはずです。

とはいえ、「著名人の考え方が知りたければ、その人のSNSやブログをチェックすればいいじゃないか」と思う人もいるかもしれませんね。確かに、インターネットで検索すれば簡単に情報を得ることができますが、それでも本をお勧めする理由があります。

それは「価値の高さ」と「利便性」と「信頼性」とにあります。

私はインターネットを全面的に肯定する人間ですが、それでもインターネットがあれば本がいらないとは思いません。ネットの情報と活字になって本として残るものの役割は、決定的に違うからです。

私は毎日「X」（旧ツイッター）に投稿を続け、「クオリア日記」というブログも書いています。Xでもクオリア日記でも、日常に起こったことや思ったことを綴っています。そこに書かれているものは、発信されたそのときには価値のある情報で、社会の何らかの動きを表していることになるとは思いますが、百年後、二百年後にこれらの記録はどうなっているでしょう。果たして、ちゃんと残って読まれていることがあるのかどうか……。自分でも自信がありません。

ところが、活字として本になることの意味というのは、元ネタの提供者である人（あるいは作家）や社会から、少し距離を置いて離れたときにも価値として成立することにあります。生々しい現場から離れて、活字として紙の上に収まったあとでも、その「価値が高い」まま続くものなのです。

たとえば、一年前のネットニュースのほとんどは、価値あるものとして人々に読まれることはないでしょう。それは、ネットで得られる内容のほとんどが「情報」で占められているからです。

「本」はどうでしょうか。十年前に買った本を本棚から取り出して読んでみると、「昔読んだときとは違う新しい発見があった。昔とは違う箇所に感銘を受けた」などと思う本はたくさんあるのではないでしょうか。本とはそれだけ息の長いものなのです。

一年経って価値がほとんどなくなっているのが「情報」、十年経っても、あるいは百年経っても古くならず価値があるのが「知識」ではないでしょうか。もちろん、学術論文などネットで得られる有用な「知識」もありますし、断片的な「情報」しか載っていない本もありますが、大ざっぱにいえば、ネットは「情報」、本は「知識」を得るものといえるのではないでしょうか。

「情報」と「知識」の違いは何か。「情報」は、知識の一部分だけが書かれた断片的なものです。「情報」を自分の生活や人生に活用するには、断片化された情報を集め、分析し、整理し、自分なりに体系化しなければなりません。

「本」は、著者がすでに情報を分析し、整理し、体系化してくれています。これは小説でもいえることです。そこには最初から「知識」が書かれていますから、「本」から「知識」を得たほうが、ネットで一から体系化するよりもずっと効率的で「利便性」が高いのです。

また、ネットでは基本的に誰でも情報発信ができるため、その情報に関する「信頼性」にはばらつきがあり、中にはかなり信頼性の低いものも含まれています。その点、本ならば必要な知識や情報が体系的にまとめられており、内容の信頼性についても、ある程度、出版社が保証してくれているため「信頼性」が高いといえます。

スティーブ・ジョブズ、ビル・ゲイツの発想の源は膨大な読書から

それでは次に、「読書によって脳に蓄積された知識が、さまざまな発酵のプロセスを経て育った」のではないかと思われる実際の例を見ていきましょう。

アップルの創業者のスティーブ・ジョブズは、「アップルがiPadのようなプロダクトを生み出すことができるのは、我々が常にテクノロジーとリベラルアーツの交点であろうとしてきたからだ」[*1]と述べています。

アップルの製品は技術的に高度なものをつくるだけでなく、それを直感的で使いやすく、使っていて楽しいものにしたからこそ、世界中の人々に受け入れられたわけです。ジョブズの考え方には、読書が大きく影響を与えました。

彼の読書への傾倒は、高校時代から始まります。

とくに心を奪われた作品が、ウィリアム・シェイクスピアの『リア王』とハーマン・メルヴィルの『白鯨』です。『リア王』は、シェイクスピアが書き残した四大悲劇のうちのひとつで、シェイクスピア悲劇の最高峰と評される作品。あらすじを簡単にいうと、高齢になったリア王が自分の娘たちに国を分割し与えて愛情を試そうとした結果、最後は狂乱し悲嘆のうちに息を引き取る物語です。『白鯨』は、メルヴィルの実体験をもとに創作されたアメリカ文学を代表する名作。伝説の巨大鯨に片脚を食いちぎられた船長が、その復讐のために強い意思の力で立ち向かっていく物語です。

後に自身がつくったアップル社から追放され、その後、見事にカムバックを果たしたジョブズにとっては、人生の予習になったといわれる二冊です。

大学に進学したジョブズは、精神世界に強く惹かれていきます。ついには、大学を中退してインドへ放浪の旅に出ます。このときには、ラム・ダスの瞑想ガイド『ビー・ヒア・ナウ　心の扉をひらく本』や、インドのヨガの教祖パラマハンサ・ヨガナンダの『あるヨギの自叙伝』などを読んでいます。とくに後者は、自身のiPadに唯一ダウンロードしていた本で、アップル創業後も毎年定期的に読み返していたというほどの愛読書でした。ジョブズらしい常識を覆《くつがえ》すクリエイティブな発想の源になったといわれる本です。

インドから帰国したあとは、曹洞宗《そうとう》の禅僧である鈴木俊隆《しゅんりゅう》の『禅マインド　ビギナーズ・マインド』という禅のバイブルにハマり、著者が指導する禅のクラスに通うほどだったそうです。

経営者になってからは、ハーバード・ビジネススクールの教授クレイトン・クリステンセンの『イノベーションのジレンマ』に刺激を受けたといいます。この本の中では、優良な企業の合理的な判断が、その企業を滅ぼす原因となるという考え方を主張しています。

つまり、すでに成功している企業は顧客のニーズに対応するという「持続的イノベーション」を行うことを前提にしているため、既存の価値基準や顧客のニーズに適っていない

「破壊的イノベーション」を受け入れることができない。そのために、「破壊的イノベーション」を推し進められる小さな新興企業が新しい市場を形成し、元々の優良企業を市場から退場させるという事態が起こります。

ジョブズは、この本を通して企業の成功体験が破滅につながることを学び、過去の成功事例にこだわることがないように、「自ら破壊する」ことを習慣にしました。

"Think different"（発想の転換、物の見方を変える、固定観念をなくして新たな発想でコンピュータを使う）というアップルの代名詞は、こうしたジョブズの読書遍歴を通した思考から生まれたといってもいいでしょう。

マイクロソフトの共同創業者のビル・ゲイツは、相当な読書家としても知られており、「一時間で一五〇ページ読み、常に一〇冊から一五冊の本を鞄に入れている」といわれています。

ゲイツの読書習慣は、幼少期からのものでした。有能な顧問弁護士の父と教員の母は、いつも身近に本を置き、平日はテレビを禁止することで息子が本と親しむように導いたそうです。

現在では、眠りにつく前に本を読むことを習慣にしており、七時間の睡眠時間を確保しつつも毎日平均一時間、年間五〇冊以上の本を読み、そのテーマは公衆衛生、疾病、エンジニアリング、ビジネス、科学など多岐にわたります。彼の愛読書のほとんどがノンフィクションですが、ときどき小説を一気に読むこともあるそうです。

自宅には個人図書館があり、一万四〇〇〇冊以上の本が保管されているのだとか。また、年に二回ほど休暇を取り、フッド・カナルにある別荘にこもり、自分一人だけで過ごす"Think Week"（考える週）という時間を設けています。食べること、寝ること以外はすべて「読書」と「頭のなかで考え抜くこと」に時間を費やしているそうです。[*2]

ゲイツはこの時間を「CPUタイム（PC内部のプログラムの実行時間）」にたとえて、将来を考える重要な時間としています。彼にとって読書は、「新しい知識とすでに知っていることを結びつける作業」なのだと定義づけています。

スティーブ・ジョブズ、ビル・ゲイツというICT（情報通信技術）をつくった二大巨頭は、どちらも異常なまでの読書家でした。彼らの話を聞いて、それでも「ネットがあれば本はいらない」と思いますか？

考えてもみてください。IT社会をつくったのは、まだその社会を持たない人々です。

そして彼らの発想の源は本でした。本に書いてあることは「過去」のことですが、過去の事柄が未来を導いたのです。

衝撃を受ける本との出合いが世界を広げる

衝撃を受ける本との出合いは、これまでの狭い自分の世界を広げてくれ、同時に新たな考えや価値観を知ることで脳の成長を促すものでもあります。

私にとってはルーシー・モード・モンゴメリーの『赤毛のアン』がそれでした。五年生のときに『赤毛のアン』を読んで、大変な衝撃を受けました。そこに描かれていたのは、当時の私が知っていた狭い世界とはまったく違っていたからです。

『赤毛のアン』は、言わずと知れた名作で五〇〇〇万部を超える世界的ベストセラー作品ですが、読んでいない人のために簡単にストーリーを紹介しましょう。

物語の主人公は、幼い頃に両親を亡くし孤児院で育った十一歳の赤毛の少女、アン・シャーリー。アンは、カナダのセントローレンス湾に浮かぶ美しい島、プリンス・エドワード島で暮らすマシューとマリラという老兄妹の家に引き取られていきます。実は、マシューとマリラは本当は男の子を欲しがっていたのですが、手違いでアンがやってきてしまいます。

アンは美しい島での暮らしを想像して幸福な気分に浸っていたのですが、マシューとマリラが欲しがっていたのは農家の労働力となる男の子だったことを知って、悲嘆にくれます。しかし、兄のマシューはアンと話しているうちに彼女が気に入ってしまい、うちに置いてあげたいと思い、妹のマリラにこう言います。

「この子が私たちに何ができるかではなく、私たちがこの子に何ができるかを考えよう」

結局は、マリラもアンが気に入って彼女を引き取ることに決めました。

私は、その箇所を読むまで、そのような言葉を聞いたことがありませんでした。「自分が相手に何ができるのか」を考える——それはどういうことなのだろう？と。そのフレーズを読んだ瞬間に、自分が育ってきた日本という社会の外に、まったく違う価値観を持った世界が広がっていることを知ったのです。

四十歳を過ぎてから再読したときに、『赤毛のアン』という物語に貫かれている精神性は、「自分の運命を受け入れる潔さ《いさぎよ》」だったということに気づきました。作者のモンゴメリーは後に牧師と結婚しますが、「運命を受け入れる」という精神性はキリスト教精神からきているものなのでしょう。このキリスト教精神も、当時の私にはない、まったく新しい世界観でした。

私はこれまでの人生で何度も『赤毛のアン』を読み返してきましたが、その読書体験があったからこそ、今の自分があるのだと実感しています。

「今、自分がいる場所の価値観を疑ってみる」

「世の中には、自分が知らないことがまだまだたくさんある」

――『赤毛のアン』で衝撃を受けて以来、私の中には常にそんな思いがあります。

青春時代の広がりと現実への着地

『赤毛のアン』はまた、「幸福とは何か」についても意味深い示唆を与えてくれます。

マシューとマリラの元に引き取られることになったアンは、地元の学校に通い、勉強に励みます。やがて、アンは学校でもトップの成績を取るほどになり、教員免許の取れる短大に進学します。

そこで優秀な成績を修めたため、大学に進学できる奨学金を得ます。アメリカから来た作家に出会うなどして、自分のやりたいことが見えてくる。その過程でアンの夢はどんどん広がっていきます。

つまり、「自然豊かな美しい村であっても、プリンス・エドワード島の小さな村の中での満ち足りた生活で満足していていいのだろうか。外の世界に出ていって自分の世界を広げなければ……」。そんな夢を抱くようになります。

ところがマシューが亡くなり、目が悪くなっていたマリラひとりを残して大学に行くことなどできないと考えたアンは、地元で小学校の先生をしながら老いたマリラと共に生きていくことを決意するというシーンで物語は終わります。

「赤毛のアン」シリーズは、その後、アンが大学に行ったり、教師になったりするのですが、本当は一作で完結する予定だったといいます。モンゴメリーは続編を書くつもりはなかったのです。ということは、モンゴメリーは何を描きたかったのでしょうか。

私はこう想像します。

青春時代というのは、限りなく世界が広がっているように感じられるものです。地平線ははるか遠く、自分の未来はどこまでも明るく高く、まるで限界がないかのように感じられる。

私自身の青春時代を振り返ってみても、高校や大学時代、よくファミリーレストランで友人と朝まで夢を語り合ったものです。「将来は映画をつくってやる」「生命の起源を解き明かしてやろう」「俺たちは何でもできる!」などと大層なことを言って、みんなで盛り上がっていたものです。だいたい誰もが、青春時代には気が大きくなって大言壮語するでしょう。

ところが、今現在の等身大の自分の姿を見てみると、どうでしょうか。青春時代に描いた夢と、今の自分にはかなりのギャップがあるのではないでしょうか。

モンゴメリーは、そのギャップを描いています。アンは青春時代にいろいろな夢を思い描きますが、結局は大学にも行かず、片田舎で年老いた親と同居しながら、幸せではあるけれどこぢんまりした人生を送っていく。

いったんは大きく膨らんだ夢が、現実を前にして一挙にしぼんでいき、平凡な生活に落ち着いていく。モンゴメリーは、そういう結末を書いたのです。

これは考えようによっては、とても切なく哀《かな》しい結末であるように思えますが、このラストシーンには「幸福とは何か」についてのモンゴメリーの深遠な世界観が描かれています。

それは前述した「運命を受け入れる」という覚悟です。

この物語は、マシューとマリラという初老の二人が、アンという一人の少女を、自分たちの人生に受け入れるところから始まり、最後には立場が逆転して、成長したアンが年老いたマリラの人生を引き受けます。マシューとマリラが下した決断、自分たちに与えられた天からの「運命を受け入れる」という決断を、今度はアンが自身に下すのです。

これは非常に深い覚悟、思想だと感じます。逆にいえば、この覚悟さえあれば私たちはどんな運命でも生きていけます。

転じて、今の私たちの世界は、与えられたものを受け入れてみる以前に、ネットや映画・ドラマなどを通して仮想の世界が広がりすぎています。その世界にあてはめて、自分の世界や運命も、ネットや映画のようにダイナミックに展開されていくはずだと思い込んでいるところがあります。

けれども現実を離れたところに、自分の人生はありません。今、目の前にある、自分の生活を置き去りにして、どこかよその世界での人生や運命などあり得ないのです。

ただ間違えないでほしいのは、自分の世界が広がること、それ自体はいいことです。むしろ、少なくとも一度は広がらなくてはなりません。アンの世界が一度は広がったように。いずれ世界が収縮して、収まるべき世界に着地するにしても、一度は世界の果てまで見渡せるかのような広がりを体験すること。それが大人になるためには大切なことなのです。

一度ぶわーっと広がった世界が、やがて現実の自分の人生に落ち着いていく。その青春時代の広がりと、現実への着地が大人になるということなのです。

「運命を受け入れる」とは、決して逃れられない人生の重荷としての「運命」を受容するということではありません。

あくまで等身大の自分を受け入れるということです。

与えられた運命の中で、最大限の幸福を目指して生きていくこと。それがアンの生き方であり、モンゴメリーが私たちに示してくれた「幸福とは何か」についての答えなのではないでしょうか。

脳科学者を志すきっかけとなった運命の一冊

私が脳科学者を志すきっかけは、一冊の本との出合いからでした。

それはイギリスの物理学者ロジャー・ペンローズの『皇帝の新しい心』という本です。人間の心という不思議な存在を本当に理解するためには、どんな理論が必要なのかを書いた画期的なものです。

私はこの本が刊行された一九八九年に原書で読みました。原書は"The Emperor's New Mind"というタイトルで、当時は「コンピュータで、人間の精神でできることはすべてできるようになる」と強く信じるＡＩの研究者たちの勢力が非常に強い時代でした。

「脳という物質を通して何らかの計算が行われる。それがわれわれの〝心〟というもので、その計算手順さえわかれば、それをコンピュータ上で実装することは可能だろう」――つまり、「コンピュータが人間の心を持つことは可能だろう」というのが彼らの考えでした。

そのような勢力に囲まれた状況の中で、ペンローズは「人間の意識下で働く知性には、計算手順には書き下せない要素がある」ことを示し、彼らの考えを否定する本を書いたのです。

ペンローズは「計算できない典型的な例」として、「あ、これだ！」と私たちが何かについて直感的にわかる能力を挙げています。たとえば、数学者はパッと頭に浮かんだ数学的概念を、それが正しいかどうか確かめる前に「これは絶対正しい！」と直感することがあるといわれています。

数学者ではない私たちにも、誰かを好きになるときに、その人に関するさまざまな情報を知る前に、自分に合うのは「あ、この人だ！」と感じることがあると思います。

ペンローズは、この直感を説明するには今までの理論がまったく役に立たないというのです。

この本には、人間の心の性質に素直に感嘆し、コンピュータ・サイエンス、物理学、数学、脳科学の中で提示されてきた最高の理論に照らし合わせて、心を本当に理解するには、何が足りなくて何が必要なのかを独自に探る作者のプロセスが描かれています。

私は、この本は今世紀にありうる本の中で、もっとも審美的感覚に満ちた本だと思います。

良識ある知性のまったく新しい理論をつくろうというペンローズのビジョンは、まだ実現こそしていませんが、百年、二百年、ひょっとしたら一千年くらいかけて研究されていく可能性があることを示しています。

私がこの本を読んだときは、大学院で生物物理学を研究していました。当時のＡＩ研究のトレンドも知っていて、私自身「人間の意識のすべては数式で表せる」ということをあまり疑っておらず、そのままいつかは答えにたどり着けるだろうと思っていました。

ところがこの本によって、人間の心というものが、いかに複雑で広大な存在かを見せつけられてしまって、「これは、強烈に面白い！　こっちの学問に進みたい」と思ってしまったのです。

そして何よりも、ペンローズの物怖《ものお》じせずに自説を貫くロックンロールな態度にやられてしまいました。

「国家とは何か」「自由とは何か」を考えるきっかけとなる本

数々のロックンローラーたちが、「ロックとは、特定の音楽のスタイルや、使う楽器の種類を言うのではなく、態度のことなのだ」と言ってきました。

科学でも、文学でも、ビジネスでも、人間関係でも、私たちに問われているのは、どんなことをどんなふうに守り、反抗し、尊ぶかという「態度」なのだと思っています。本は私の人生に対する態度をつくる上で、非常に大きな影響を与えてきました。

その中でも「国家とは何か」「自由とは何か」ということに対する、今の私の態度に少なからず影響を及ぼした本が、アメリカの経済学者ミルトン・フリードマンの『選択の自由』です。フリードマンの著作は、専門的な内容のものが多いのですが、この本は一般の人々を対象としたものだけあって、とてもわかりやすく書かれています。

私がこの本に出合ったのは十八歳の頃。ですから、アメリカで一九八〇年に出版された直後に手に取ったことになります。

とにかく強烈なイデオロギーを提示した本なのですが、これほど強烈にひとつの世界観を示している人が世の中に存在していることに驚きを隠せませんでした。そして、そろそろ十代も終わりに差しかかろうとしていた私にとって、そのスケールの大きさと世界観の広さは圧倒的な迫力で迫ってきました。

フリードマンは「政府による有効需要（貨幣支出に裏づけられた需要）の管理が重要」だとするケインズ経済学に異を唱え、新しい経済理論を打ち立てた人物です。彼は世界恐慌を体験しており、その経験から市場はできる限り政府が介入すべきではなく、自由な競争に任されるべきだという「マネタリズム」を提唱しています。

彼の主張が正しいかどうかの判断は別として、アメリカの開拓者精神や、アップルやグーグル、メタなどのＩＴ企業が持っている「国や政府の力を借りずとも、市場は自分たちの手で切り拓く」という独立独歩のベンチャー精神にもつながってくるものです。

この本の中で味わっていただきたいのは、「自由」に対する著者の態度です。『選択の自由』では、国家による資格制度はすべて廃止すべきである、と主張しています。医師や弁護士でさえも国家資格はいらない、と言うのです。

資格がいらないなら、誰でも「明日から私は医師になります」と宣言したら、なれてしまうのではないか。そんなことでは安心して医療を受けることができない、と考えるかもしれません。

しかし、フリードマンは言います。いい加減な医師のところには誰も来なくなるだろうから、「国」が設けたルールに従わなくても、市場に任せておくだけで、自然に淘汰されるはずだ、と。

現在は、医学部を卒業して医師国家試験に合格することが医師になる条件ですが、だからといって本当に安心や安全を保障するものでもないし、それが立派な医師になるベストの方法ではないのかもしれません。国が与えた基準というのは、あくまでもひとつの枠組みに過ぎない。物事の善悪は、国などに決められることではない。むしろ人は自由にしたほうが結果として最善のものを生み出すのであって、政府による規制やルールはそれを邪魔するものでしかない、というのがフリードマンの考え方なのです。

このようなフリードマンの考え方は、権威を重んじ、国や企業のシステム、教育機関など「大きなもの」の力を絶対的と見なしがちな日本人にとっては、いまだに新鮮かつ強烈に映ることでしょう。

賛否が分かれる内容の本ではありますが、社会のあり方と向き合うひとつのきっかけになる本だと思います。

第3章で扱ったブックガイド

『第五の権力』エリック・シュミット／ジャレッド・コーエン著、櫻井祐子訳　ダイヤモンド社

『赤毛のアン』ルーシー・モード・モンゴメリー

『皇帝の新しい心』ロジャー・ペンローズ著、林一訳　みすず書房

『選択の自由』ミルトン・フリードマン

第4章

共感力やコミュニケーション能力を育むための読書

ＡＩ時代にこそ求められる共感力は小説によって鍛えられる

私は本を読むのが好きなので、ジャンルを問わずいろいろな本を読みますが、読書はするけれど小説は読まないという人も結構います。

その理由はさまざまなのですが、とくに多い意見としては「ビジネス書や実用書は、すぐに仕事や生活に役立つけれど、小説は何の役にも立たないから時間のムダ」「単なる娯楽に過ぎない」「知識を得られない」「虚構だから意味がない」といったことのようです。

確かに、小説はビジネス書や実用書のように「一冊読んだら、すぐに実行可能」というような即効性は期待できないかもしれませんが、じわじわとあなたの人生に効いてきます。

そこで第４章では、共感力、想像力、コミュニケーション能力などを高める小説を読むことの効用についてお話しします。

人の知能水準を測る指標としては、ＩＱがとくに有名です。一般的にＩＱが高いと頭がいいと判断されますが、IQが標準程度であれば仕事や勉強などの生産性に大きな差は出ないとされています。

それよりも、人と関わりながら仕事を進めていく社会人にとっては、(人と協調することなら、仕事でなくても、社会人でなくても)IQよりもEQ(心の知能指数)のほうがより重要だといわれています。

EQとは「Emotional Intelligence Quotient」の略で、一九九〇年代にアメリカの心理学者ピーター・サロベイとジョン・メイヤーによって提唱された理論です。日本でも一九九六年に発売された『EQ こころの知能指数』(ダニエル・ゴールマン著、土屋京子訳、講談社)がベストセラーとなりました。EQとは、仕事や人間関係において「他者の感情を感じ取る能力と、自分の感情をうまくコントロールし利用できる能力」であるとされています。IQ偏重の社会にあって、後天的に高められるとされるEQは多くの人に受け入れられました。

二〇二〇年に行われた世界経済フォーラムの年次総会(ダボス会議)のレポートでは、「二〇二五年ビジネスパーソンに求められるスキル一五」のうち一一位にEQがランクインしており、メンタルヘルス対策や人材育成などにEQの考えを導入したいと考える企業が増えていると聞きます。
なぜ、ＥＱが社会に求められているのでしょうか。
これまでは、社会の構造が画一的で効率が求められてきたため、「できる人材」の要件は、豊富な知識と頭の回転の速さ、つまりＩＱが重視されてきました。しかし、今の時代は価値観が多様化し、問題に対する正解はひとつではなくなりました。変化の激しい環境で人と関わりながら生きていく中では、他者と自分の感情を大切にして共感を生み、人とのつながりを強くすることが求められているのです。[*1]
他者への共感や自分の心のコントロールなどＥＱが持つさまざまな要素のうち、読書で鍛えられるのが「共感力」です。
共感力が高まると、「相手がなぜそう思うのか」あるいは「なぜそのような言動をするのか」といった思考力が強化され、そこから類推して自分の言動や態度などを適切に選択できる能力が備わります。
なお、ノンフィクションでは共感力が強化されないことが報告されています。共感力が鍛えられるのは、小説や物語などのフィクション作品でした。[*2]
小説や物語などのフィクション作品は、「読者が登場人物と一緒に感じ、考え、行動することを可能にしてくれます。ストーリーが展開するにつれて、読者は登場人物の視点でストーリーを追いかけるようになります。登場人物の一挙手一投足に夢中になることで、読者は新たな視点を学び、理解を深めます。このプロセスが共感力を高め、他者の視点を客観的に見る能力を養うのです。

さらに共感力を高めるには、異なる文化や人種などさまざまな視点で描かれた物語を読むことです。多様性を理解し、共感力を高めていくことができます。

また登場人物の視点や感情に焦点を当てて、ストーリーの結末を考え、登場人物の感じ方、行動を振り返ることも共感力を高めてくれます[*3]」。

情報量の少ない文字だからこそ想像力が育まれる

私たちが普段、周囲の環境から受け取る情報量の多くは、視覚を通して得られています。テレビや動画などは視覚を介して瞬時に多くの情報を提供してくれます。

しかし、脳を活性化させるという観点から考えた場合は、パッシブ（受動的）なことよりも、アクティブ（能動的）なことのほうがいいのです。

たとえば、テレビはたくさんの視覚情報を与えてくれますが、ただ漠然と見ているだけでは脳は受け身になってしまってあまり働きません。

一方で、読書は脳の活動としては決してパッシブなものではなく、むしろ目から入ってきた文字情報をもとに、さまざまな想像力を駆使して情報を補わなくてはならない複雑な作業を要するため、脳が活性化します。とくに小説や物語では、物語の背景や情景を頭に思い描いたり、行間に込められたニュアンスを読み取ったりと、想像力をフル回転させイメージを膨らませて読むため、想像力が鍛えられます。

想像力を発揮することは脳を活性化させる以外にも、いいことがたくさんあります。想像力の素晴らしさを私に教えてくれたのが、『赤毛のアン』の主人公アン・シャーリーでした。アンは早くに両親を亡くして孤児院で育ってきたために、孤独で質素な生活を送ってきました。アンはそんな現実を生き抜くために想像力を使います。

「こうなったら素敵だろうな」と思うことを、次々と想像して楽しんだのです。想像の中で親友をつくり上げたり、自分には買ってもらえないきれいな服を思い描いたりします。

時にはその想像が過ぎて、へまをすることもありましたが、アンにとって想像力は強い味方だったのです。

想像の世界に浸ることで、人はつらい現実を一瞬忘れたり、気持ちをリセットすることができます。与えられた環境が厳しくても、人生が望むようにうまく運ばなくても、想像力で補えば人生は楽しいものになる、というのが、この作品の大きなメッセージになっています。

前項で話した共感力は、そもそも相手の気持ちを想像することから生まれるものです。想像力があるからこそ、「相手はこのように考えたのだろう」と想像した上で相手に共感できるのですから、想像力は他者と協調していくためにも必要な能力なのです。

アンの想像力の源になっていたのが読書でした。アンはマシューとマリラに引き取られるまでは、ほとんど学校にも通えていなかったのですが、その代わり本だけはたくさん読んでいました。読書を通じて、頭の中で旅をすることができ、本の中に描かれている他人の経験を疑似体験して想像力や思いやりを育んだのでしょう。

「本の虫」は偏見？ 読書家はコミュニケーション能力が高い⁉

世間一般のイメージとして、読者家はコミュニケーション能力が低いという印象を持つ方が多いかもしれません。現に「本の虫」という言葉は、「本ばかり読んで人との交流を避けている」「人嫌いだから、本の世界に逃げている」といったネガティブなイメージを連想させます。

ところが実際には、読書家はコミュニケーション能力の高い人が多い傾向にあることがわかりました。

二〇〇六年にカナダのトロント大学の心理学者、キース・オートリーとレイモンド・マーが行った研究によると、フィクション作品を読むことが他者の気持ちに敏感になることに関係しているとのことです。

チームの研究者の一部はさらに二〇〇九年、二五二人の被験者に対して、これまでの読書量を調べました。調査結果の分析では、年齢、性別、ＩＱ、英語力、ストレスの高さ、孤独か否か、性格のタイプを考慮に入れました。チームは、被験者が、物語の世界に入ってそれを体験しているかどうかについても評価しました。

さらに被験者は、共感力を客観的に調べる「目の表現から心の状態を読み取るテスト（RMET）」と呼ばれる試験を受けました。

これらのテストの結果、小説などフィクション作品の読書量の多い人ほど、共感力のテストの点数が高く、表情やボディランゲージから他者の感情や状態を読むテストの点数も高いことがわかりました。さらに、社会生活において多くの人脈を持ち、プライベートでも心豊かな生活をしている傾向にありました。[*4]

この結果は、「本の虫」と揶揄される読書家たちのイメージ（コミュニケーションが苦手で人づきあいがほとんどない）が間違っていただけでなく、彼らが人脈を広く持ち心豊かな生活をしていることからコミュニケーション能力が高いことも証明されました。

ではなぜ、小説を読むことが共感力を高め、ひいてはコミュニケーション能力を高めることにつながったのでしょうか。

それは小説を読むことで、小説の内容を自分事として追体験できるためです。とくに人間関係が複雑な作品では、登場人物たちの心理や物語を想像することで共感力がより高まり、相手の気持ちにより添ったコミュニケーションが実生活でも取れるようになるのです。[*5]

本は一生かかっても経験しきれないことを疑似体験できる

前項では小説を読むことで「小説の内容を自分の体験としてシミュレーションできる」と書きました。自分の体験としてシミュレーションできることには、共感力やコミュニケーション能力を高めるだけではなく、別の効用もあります。

たとえば『赤毛のアン』のように幼い頃に両親を亡くして天涯孤独になったり、J・R・R・トールキンの『指輪物語』のようにホビット、エルフ、ドワーフ、人間、魔法使いなどさまざまな種族が住む架空世界を舞台に、すべてを統《す》べることのできる一つの指輪をめぐって冒険を繰り広げたり……。

マーガレット・ミッチェルの『風と共に去りぬ』の主人公のようにアメリカ南部の裕福な農園主の娘として贅沢三昧に暮らしていたのに、南北戦争によってすべてを失ってしまったり、ずっと好きだった人に失恋したあとに現れた男のことを最初は嫌っていたのに次第に惹かれていったり……。

スコット・フィッツジェラルドの『グレート・ギャツビー』の主人公のように、ニューヨーク郊外のロング・アイランドに引っ越したら、その隣には豪奢な大邸宅があり、夜ごとに豪華なパーティーが繰り広げられているにもかかわらず、その屋敷の主人はどのような身分で、なぜそれほど財力があるのか、誰も正確な情報を知らないという謎に包まれた人物だったり……。

世の中の文学作品では実にいろいろな人の人生が繰り広げられています。

現実にひとりの人間の身にこれらすべてが起こることはあり得ません。けれども人生を送る上で、これらの物語の中であったことの一つや二つが起こらないとも限りません。あるいは、似たような状況だったり、登場人物の感情を味わうことになるかもしれません。

小説を読んでいると、そんなとき、「今起こっていることは、あのとき読んだ本の中にもあったな。ああ、そういうことだったのか」「人生にはこんなことも起こりうるのか」と思い返すことができます。

自分の身で経験するには辛すぎるようなことも、小説に描かれていた他の人の体験を通して、あらかじめシミュレーションしておくことができるのです。そうすれば、辛いことでも、自分だけがこんなに辛い目に遭っているのではないと思えるのではないでしょうか。

「そうは言っても、小説なんてフィクションじゃないか」「現実とは違うんだから、現実の参考にはならない」と考える人もいるかと思います。確かに、『赤毛のアン』やその他の文学作品は、現実にあったことではなく、作者が生み出した架空の物語です。しかしながら、そこには現実に生きた作者の体験や、作者が見聞きしたことがたくさん詰まっています。

『赤毛のアン』を書いたモンゴメリーも、実は非常に苦労してこの作品を書き上げています。モンゴメリーが生きた十九世紀末から二十世紀前半の世の中は、女性が働く場は限られていました。そんな時代に、モンゴメリーは祖母を手伝って郵便局で働きながら、仕事の合間を見つけてはコツコツと文章を書きためて出版社に送りますが、なかなか受け入れてくれるところは見つかりません。

モンゴメリーが住んでいたようなカナダの田舎では、女性が本を出版できるなんてほとんど誰にも想像できないことでした。それでもあきらめずに独学で書き続けた末に、ようやく『赤毛のアン』が出版されたときは村中の人が驚いたのではないでしょうか。

『赤毛のアン』、そしてその後に書かれた彼女のもうひとつの代表作「エミリー」シリーズ三部作（『可愛いエミリー』『エミリーはのぼる』『エミリーの求めるもの』）には、そんなモンゴメリーの人生が凝縮されています。私たちはまったく違う時代と国に生きていますが、彼女の書いた本を読むことで、彼女の時代、彼女の人生を垣間見る《かいま》ことができるのです。

人は、自分とは異なるタイプの人たちと出会ったときに一番成長します。けれども日常生活では、そんなに毎日違ったタイプの人と出会うことはできないのですが、本の中なら可能です。**百年前の人とだって、本の中でなら出会い、彼らが何を考えていたかを知ることができる。**だから本を読むことは、最大の出会いともいえます。

本は、単に知識を積み重ねる手段として読むだけのものではありません。自分ひとりの人生では一生かかっても経験しきれないことを、本を読むことによって補うことができるものなのです。

今いる場所とは別の世界に思いを馳せる

本は一ページ目を開いただけで、「今、ここ」の生活から、瞬時に別世界に行けるところが魅力です。

西加奈子さんの直木賞受賞作『サラバ！』（小学館文庫）という小説は、イランの場面から始まります。私はイランには行ったことはないのですが、一ページ目からその風景がありありと目に浮かびました。

「シャーロック・ホームズ」シリーズの作者、コナン・ドイルの作品に『失われた世界』という本があります。南米のアマゾンの奥地に恐竜たちがまだ生き残っているという設定で、チャレンジャー教授たちが探検するという物語です。その本を開くと、いきなりジュラ紀に飛ぶことができます。本ではそういうタイム・スリップも簡単にできてしまいます。

今自分が二十一世紀の東京にいても、ドイツの叙事詩『ニーベルンゲンの歌』を読み始めたら、瞬間的に中世のドイツに飛んでいくことができます。この作品は飛ぶというよりも、むしろ潜るという感覚に近いかもしれません。海底に深く潜っていくような感覚で、本の世界に引き込まれていくのです。

どんなところにいても、一瞬で全然違うところに連れていってくれるのですから、本というのは、旅をするよりも安上がりで、新幹線、飛行機、宇宙船などの、どんな最新技術よりも優れた世界探索の手段といえるのではないでしょうか。

本の他にも簡単に世界を探索させてくれる娯楽はたくさんあります。映画や絵画、音楽なども、本と同じように一瞬にしてありありと別世界を体験させてくれますし、オンラインゲームやSNSなどでは、見知らぬ外国の人とつながって直接会話することもできます。

今はさまざまな娯楽があるため、本だけが優れているとはいえない状況ですが、一番脳が鍛えられるのは本を読んでいるときです。

脳にとって読書は、総合的かつ抽象的な刺激になります。視覚、聴覚、嗅覚、味覚、触覚という五感の記憶が総合されて、それが言葉になるため、言葉を通して世界を知る、整理するというのは、脳にとって一番高度な働きだからです。

読書は、言葉を通して想像力を育んだり、遠い世界に思いを馳せたりしますから、抽象的な思考能力を高めるためには非常に有効です。[*6]

文学作品を読むことで教養が磨かれる理由とは？

さまざまな文学作品に触れることは、教養を磨くひとつの方法にもなります。

文学作品といってもさまざまですが、私がお勧めしたいのは、知らない世界を生きる人が主人公の物語です。

一九八九年にイギリスで最高の文学賞と称されるブッカー賞を受賞したカズオ・イシグロの作品に『日の名残り』（ハヤカワｅｐｉ文庫）があります。

舞台は、第二次世界大戦が終わって十年あまり経った頃のイギリス。主人公は貴族の屋敷で働く老執事です。ある日、人手不足に悩んでいた主人公の元に、かつて共に働いた女中頭の女性から手紙が届きます。老執事は再び一緒に働こうと彼女が住むコーンウォールの街まで旅に出るのですが、そこからさまざまな問題に直面していきます。

この作品の素晴らしいところは、執事の目を通して見たイギリス貴族たちの、国の危機に際しての自分たちの知性や直感を尽くした品格や振る舞い方が巧みに描かれている点でしょう。

なぜ、こうした知らない世界を生きる人が主人公の文学作品を読んで教養を磨けるのかというと、本の主人公の人生に触れることで、一人ひとりの人生が自分のものであることの再確認ができるからです。

もちろん、私はイギリスの貴族ではありません。ですが、本の中に描かれる、自分とはまったく違う人生を歩む人の哲学や価値観を知ることで、自分の人生における哲学や価値観も育っていくことを感じることができます。それこそがまさに、教養が磨かれるということなのです。

自分を知るために読む本とは？

小説を読んでいて、そこに登場する人物に自分を重ねて「これは自分のことが書いてある」と思えるものと、自分とは違うけれど惹かれる作家や作品があると思います。

私の場合は、北杜夫の『幽霊』や夏目漱石の『それから』、宮沢賢治の『春と修羅』には親近感をもてる一方で、基本的に森鷗外は好きではないけれど『渋江抽斎』はとても気になります。

本を選ぶとき、「これは自分のことだ」と思える作家や作品のほうをつい優先してしまいがちですが、「これはなんか違う」という違和感も大切にすべきです。というのも、この違和感こそが自分が自分である理由だからです。

ある作品を読んだときに違和感を抱くか、親近感を持つか、それは自分を表す指標になります。つまり、自分はどういうものが好きで、どのようなものが嫌いなのか。物事に対する好悪の基準が、自分という人間を端的に表しているからです。

そういう意味では、違和感を抱くためにつき合う読書というものが必要だと思います。

私は、「文学全集」といった類のものをあまり系統的に読んできませんでした。ところが、あるときフローベールの『ボヴァリー夫人』を読んだらとてもよかった。十九世紀の作品ですが、世界の捉え方が現代の私たちと同じで、そこにはリアルな心があったのです。やはり、名作とされている作品にはそれなりの理由があるのだと感じました。この体験は、図らずも私の「食わず嫌い」を指摘されたようでした。

「なんか違う」と違和感を抱く本でも、食わず嫌いでこれまで手にしなかったような本でも、興味がない分野の本でも、とにかく一冊読み通すことがひとつの体験になります。一冊読み通すことによって体験できる世界は、計り知れないほど大きなものです。

自分の専門や興味のある分野を深めるための読書も大切ですが、雑食性読書も人生には必要です。ありとあらゆるものを読んで、さまざまな世界を知ることで、自分が進むべき道が見えてくることもあります。

第4章で扱ったブックガイド

『指輪物語』J・R・R・トールキン

『風と共に去りぬ』マーガレット・ミッチェル

『グレート・ギャツビー』スコット・フィッツジェラルド

「エミリー」シリーズ三部作（『可愛いエミリー』『エミリーはのぼる』『エミリーの求めるもの』）ルーシー・モード・モンゴメリー

『サラバ！』西加奈子　小学館

『失われた世界』コナン・ドイル

『ニーベルンゲンの歌』

『日の名残り』カズオ・イシグロ　早川書房
『幽霊』北杜夫
『それから』夏目漱石
『春と修羅』宮沢賢治
『渋江抽斎』森鷗外
『ボヴァリー夫人』フローベール

第5章

困難に立ち向かう覚悟を持つために

「覚悟に対する感性」を教えてくれた漱石

読書というのは、元気なときや楽しむために読むときもありますが、時には悩んで悩んで悩み抜いてそれでも答えが出ないとき、悲しいことがあったとき、絶望したとき、何らかの答えや救いが欲しくて読みたくなることがあります。

ここ第5章では、覚悟を持つことがどういうことかを私に教えてくれた映画や本、孤独や不安を感じたとき、心のバランスを失いそうになったときに読んで救われた本を紹介していきます。

ある作品における世間の評価と、自分の中での評価は、必ずしも一致させる必要はありません。「どうしてその作家に惹かれるのか」ということは、自分自身を映す鏡です。

私は、青春時代に夏目漱石やドストエフスキーを読んで「こういう作品を書く人は、どういう人なのだろう」と強烈に興味を持ちました。同時に、漱石やドストエフスキーに惹かれる自分とは、どういう人間なのかということにも興味を覚えました。

何かに出合ったときに、心が大きく揺さぶられるときと、そうでないときの違いはどこにあるのか。「どこで自分の心が動くのか」という問題は、自分自身を知るための鍵となります。

読書をする際、世間的な評価を気にして「この人は偉大な作家ということになっているから、きっと優れた作品なのだろう」と思う必要はありません。それよりも、自分が今この作品にどれくらい心惹かれているのか、に耳を澄ますべきなのです。

私が魅了される人に共通しているのは、「厳しさ」や「覚悟」を持っていることです。

これは文学作品に限りません。黒澤明監督の映画に『わが青春に悔なし』という作品があります。京大事件と第二次世界大戦中に発覚したゾルゲ・スパイ事件をモデルにした作品で、ヒロインを原節子が演じています。原節子といえば、小津安二郎監督作品で有名ですが、この作品は彼女が小津映画に出演する以前のものです。その映画の中での原節子は、非常に気性の激しい人として、厳しく描かれており、世間の評判も非常に高い作品でした。

しかし、原節子の本当の内面の厳しさを描いているのは、一見穏やかそうに見える小津作品のほうではないかと思います。黒澤作品が素晴らしいことは確かですが、どこかつくられた世界という気がして、小津作品ほどにはのめり込めませんでした。

誤解のないように言いますが、黒澤作品がよくないと言っているわけではありません。あくまで、自分にとってその作品がどう映ったのか、自分自身の心がどこで動くのかを述べたにすぎません。「黒澤作品にはそれほど心が動かないけれど、小津作品には動く」というのが、私という人間を映す鏡なのだと思います。

それでは、そのような心を動かす、自らの情熱を萌芽させる作品とはどうやったら出合うことができるのでしょうか。

私は、情熱とは、何かこの上なく具体的なものとの出合いによって生まれるものだと思っています。私は子どもの頃、自然を愛することを学びましたが、それは抽象的な概念としての「自然」に憧れたのではなく、蝶という具体的な生き物の印が心の中に刻まれたがゆえです。

また、私は「科学者」という抽象的な存在になろうと思ったわけではなく、小学五年生のときに伝記を読んで、アルベルト・アインシュタインというたったひとりの生涯と事蹟《じせき》に「感染」したのです。それと同じことが読書にもいえます。私は「小説」に興味があるのではなく、夏目漱石などの特定の作家たちの、自分が愛してやまない作品に心を惹かれたのです。

自分の心をぐいぐい惹きつける、そんな具体的な明けの星を必死に探し、見つけたら、一生かじりついていく。それが認識と行動を一致させる道だと思っています。

では、小説家としての漱石のどこに惹かれたのかと問われたら、私は「覚悟に対する感性」だと答えるでしょう。

以前、漱石の孫の半藤末利子さんにお目にかかったときに、孫として漱石の一番好きなところは、権力に埋もれなかったことだとおっしゃっていました。

名誉と安定を約束されていた東京帝国大学の教授の職をオファーされながらも、当時の「ベンチャー企業」であった朝日新聞社に入社し、その後も文学博士号を辞退するなど、世間では栄誉と思われていたようなことを、漱石は回避して人生を歩みました。文学博士といえば、「末は博士か大臣か」という言葉があるくらい、当時でいえば大変名誉あるものでした。

総理大臣の西園寺公望《きんもち》から、文士を集めた宴の招待を受けた際も、「時鳥厠半ば《ほととぎすかわや》に出かねたり」（ホトトギスがいい声で鳴いているけれど、厠で用を足している最中だから出ていかれない）の一句を添えて断ったというくらい、漱石は徹底して権威を嫌い、権力に埋もれない生き方を貫き通しました。そこには、権威や権力を得ることのむなしさを悟ってしまった人だから持つことのできる「覚悟」があったように思います。

孤独を感じたときに沁みる『悲劇の誕生』

まわりの人たちと意見が合わない、自分だけが孤立している感じがする、などの孤独を感じたとき、フリードリヒ・ニーチェの『悲劇の誕生』を読むことをお勧めします。

本書は、一八七二年にドイツの哲学者ニーチェが二十八歳で書いた最初の作品です。ニーチェは二十四歳にして大学教授になるほどずば抜けた頭脳を持ち、将来を嘱望されていましたが、この本を出版したことが学会からの追放を決定づけたといわれる問題作です。

ニーチェは大学教授たちから「長い教授生活の中で彼ほど優れた人を見たことがない」と驚嘆されるほどの才能の持ち主だったため、若くして大学教授の職を得ることができました。それなのに、なぜ学会から追放されるという憂《う》き目に遭わなければならなかったのでしょうか。

それは、ひと言でいうと「自分の思想を語ってしまったから」です。

学問の場において、多くの学者がやっているのは、それまでに出たさまざまな文献を引用して論文を書くことでした。たとえば、Aということを証明するためには「Bさんはこういうことを言っている。これは、Cさんが言ったことに対応する。したがって、やはりAは正しい」という結論を導き出します。要するに、学会に発表するものには「自分の主観に基づいた考えを書いてはいけない」のです。

ニーチェは『悲劇の誕生』で持論を展開しました。この瞬間にニーチェは学者ではなくなってしまったのです。この本を書いたことで、ニーチェの講義には、学生が一人も来なくなってしまったのだとか。彼はこのときから、真の〝思想家〟になったのだと思います。

自分の思想を語ることがどうしていけないのか。学問とはいったい何なのか。私は、どういうふうに生きるべきかと考えたとき、学会よりもニーチェのほうが正しいと直感しました。

『悲劇の誕生』の中でもっとも有名な部分は、理性的で明晰、明朗な「アポロ的」性質と、混沌として衝動的で、動物的で、暗い「ディオニュソス的」性質という、二つの性質がせめぎ合って、古代ギリシャの文化がつくられていた、という考え方です。

古代ギリシャのことを語っているとはいえ、ニーチェの出した「アポロ的」「ディオニュソス的」という概念は、人間全体に当てはまる概念です。

人間は誰しも「アポロ的」な部分と「ディオニュソス的」な部分とを持ち合わせています。にもかかわらず、「アポロ的」なものだけを、知らず知らずのうちに理想として、こうであらねばならないと思い込んでしまっています。けれども、ニーチェは文化であれ個人であれ、二つの性質のせめぎ合いでつくられていくものなのだ、と考えたわけです。

大ざっぱに言ってしまうと「アポロ的」というのは優等生のことです。しかし、本当のところ何かを成し遂げることは、「アポロ的」なものだけでなく、「ディオニュソス的」なものとの葛藤において形成されていくものではないかと思います。

たとえば、アップル社を立ち上げたスティーブ・ジョブズは、人間関係がめちゃくちゃだったり、人から聞いたアイディアを、さも自分のアイディアであるかのように話してしまったりする「ディオニュソス的」なところがありましたが、そういう部分がないと、「アポロ的」な側面も活かせないのです。

人の持つ明るさ、すぐ目につく長所、手のかからないかしこさは、実は面倒な暗黒面とのせめぎ合いでできたものではないでしょうか。人の抱える面倒な暗黒面がもたらす役割をこの本が教えてくれたおかげで、私は自分や他者の中にある暗黒面ともうまくつき合えるようになりました。

ニーチェの提案した概念によって、人間を見るときに役に立つ「型」のようなものを自分の中に持つことができました。「社会に適応しよう」「学会はえらい」などという一元的な見方が幅を利かせている世の中でこういう本に出合うと、自分の中に抱え込んできた無理が解消されるような気がします。

まわりの誰とも意見が合わなかったとしても、ニーチェのように本当のことを言ってくれている人が、本の中には見つかるのです。

不安の中に「救い」を見出す『イワン・デニーソヴィチの一日』

旧ソビエト連邦の小説家ソルジェニーツィンは、『イワン・デニーソヴィチの一日』や『収容所群島』などの作品の中で、ソビエト連邦時代のシベリアの強制収容所（ラーゲリ）の生活を世界に告発し、その高い文学性が称えられ、一九七〇年にノーベル文学賞を受賞しています。
『イワン・デニーソヴィチの一日』で扱われているのは、主人公であるイワン・デニーソヴィチのラーゲリにおけるある一日のことです。

ラーゲリでの生活は、ちょっとしたことで生死が決まってしまう毎日ではありますが、特別に嫌なことがあった一日、劇的な一日を描いたのではなく、理不尽で凍えるように寒いラーゲリでの、いつも通りの一日を描いています。

このように書くと、収容所での理不尽さや不当さを訴える社会派の小説だと思われるかもしれませんが、実は正反対の内容となっています。

少しでも具の多い野菜スープをどうやって手に入れるのか、作業しやすい道具を他の人間に取られないようにどう隠すのか、たばこを手に入れるために誰の代わりに何をしてあげるか。「今、ここ」だけを見て工夫し、その日を懸命に生き抜き、最後に「ああ、今日もいい一日になった」となる様子がひたすら克明に淡々と描き出されています。

主人公が、今この瞬間にどう動いたら有利に事が運ぶかと、決死の賭けを次々にくり出す。ちょっとでも失敗すれば、地獄のような寒さで死に至らしめるといわれる監獄送りになる。読む側はハラハラ、ドキドキします。

「今、ここ」だけで成立している本というのは、今味わっている感覚の描写が優れた本だということです。言い換えるならば、『イワン・デニーソヴィチの一日』は臨場感あふれる極上のエンターテインメント小説なのです。

たとえば、具のほとんど入っていないスカスカの野菜スープとはいえ、具が沈んでいる鍋の底から盛られた一杯と、鍋の上のほうから盛られた一杯があるといわれれば、具の多いほうがちゃんと手に入るかとヒヤヒヤします。

また、次のようなソーセージの描写では、自分の口いっぱいに味が広がるような感覚を覚えます。「一切れのソーセージを口の中にほうりこむ！　歯でかみしめる！　歯で！ああ、肉のかおり！　本物の、肉の汁！　それが今、腹の中へ、入っていく。それで、ソーセージはおわり」。

マイナス四〇度にもなるシベリアの土地の、暖房もない場所での作業、圧倒的に栄養の足りないクズ同然の食事。その中で、今日は何とか病気にもならずに、なかなか楽しく作業ができて、うまく夜の粥《かゆ》もごまかせ、また明日が来ると、十分ほくほくして眠りにつく主人公。

彼の感覚を追体験できると、「自分には安定したものは何もない。この先どうなるのだろうか？」と、ずっと先の将来を思って不安になっている現代の私たちは救われるのではないでしょうか。

これは最高の言語表現による、鮮やかで素晴らしい「幸福論」であると思います。

心のバランスを崩しそうなときに読む『阿房列車』

「あの人があんなことを言っていた」――そういう形で頭の中に入ってくる情報は案外重要です。

それが本の情報であれば、自分ひとりではおそらく読まなかったであろう作品と出合うきっかけにもなります。その作品に出合ったことで、自分の人生に対する見方が変わることもあります。

そもそも人間の脳が新しく興味を持つきっかけは、「自分が信頼する人物が熱心に語る話」であることが多いのです。

たとえば私は、夏目漱石の弟子で、小説家であり随筆家の内田百閒《ひゃっけん》の作品が大好きです。独特のユーモアのある文章は抵抗し難く私を惹きつけます。

私が百閒を好きになったのは、学生時代からの友人、哲学者の塩谷賢が内田百閒の作品が大好きで、百閒のことをうるさく語るのを聞いていたからです。彼があまりにもしつこく言っていたので、私もだんだん気になってきて、読んでみたら面白くてすっかりハマってしまいました。なかでも『阿房列車』は、今でも繰り返し読むほどの愛読書になりました。

『阿房列車』は、昭和二十七年（一九五二年）に刊行された鉄道旅行記です。

百閒はとにかく鉄道自体が大好きなので、何の用事もないのに汽車に乗って旅に出る。百閒にとって観光することはどうでもよいため、終着駅についたのに一度も降りることなく引き返してくるなど、こだわりの行動が興味深い作品です。

私が『阿房列車』を読むときは、私が信じることと、世間が信じていることのズレに直面して、心のバランスを崩しそうになっているときです。そういうときに、読み返して百閒の〝変人ぶり〟に癒やされる。

百閒は私の人生に欠かせない作家になっています。

かけがえのない自分を実感したとき脳はリアリティを感じる

前述したように、私は夏目漱石の「覚悟に対する感性」に惹かれたという話をしましたが、現代は漱石が生きていた明治の時代よりも、もっと「覚悟」を持ちづらくなってきたように思います。

現代を生きる私たちは、医療技術に守られ、情報にあふれる世界で生きることで、「いつかは自分も死ぬ存在である」ということから、目をそらして生きているのではないかと感じます。

生きることの本質とは、この人生には限りがあり、いつか終わりが来ることに対する恐怖心を心のどこかで持ち続けながら生きていくことだと思います。「覚悟」を持つということは、「自分はいつか死ぬ存在である」という事実に対して、いかにリアリティを持てるかどうかなのです。死が日常的なものでなくなった現代では、漱石のような「覚悟」を感じさせてくれる文章には、滅多に出合わなくなりました。

では、脳がリアリティを感じるメカニズムとは、どのような仕組みなのでしょうか。

ある物体がリアリティを持って迫ってくるためには、ただその物体を眺めているだけでは十分ではありません。コップを眺めているときは、その物体を視覚的にとらえていますが、まだ現実的なこととしては迫ってきません。

次に触って、その形を触覚的に確かめてみましょう。今度はかなりリアリティを感じるようになります。そのコップがガラスなのかプラスティックなのか、触ったときのひやりとした感覚や、全体の重みや表面のなめらかさや厚みなどが伝わってくるからです。最終的にそれを唇まで持ってきて、中にあるものを飲もうとしてみましょう。そのときの口とコップの距離がだんだん近づいていく感覚。

コップひとつを例にとってもわかるように、視覚、触覚などの五感のモダリティからマッチングがとれて、それらが合流したときにようやくリアリティは立ち上がるのです。

もっともこれはリアリティの最初の段階にすぎません。

一番強烈なリアリティが立ち上がるのは、このかけがえのない自分という存在を、まざまざと実感した瞬間です。限られた時間を生きているという感覚、そしてやがては死んでしまうという現実を、自分自身のうちに認められた瞬間なのです。自分という根幹にさまざまなものが触れたときに、強烈なリアリティを感じるのです。

人は心のどこかで、自分の芯にガツンとくるようなリアリティを確保していないと、どうしても生きている実感が得られなくなります。そういう意味において、漱石の小説は、死に対する覚悟や、この世で生きていく上で遭遇するやるせない現実の数々を、見事なリアリティでもって描いていると思うのです。

小説を読むことで
脳内では主人公と同じ脳の活動が起こっていた!

読書家の多くが本を読むのは、知識や情報を手に入れたいときだけではありません。時には現実から離れて小説や物語の世界に入ることで〝現実逃避〟や〝気晴らし〟がしたいという場合にも、読みたくなるものです。

ところが、小説や物語を読むことは、現実逃避や気晴らし以上のものを私たちに与えてくれることがわかりました。

二〇一三年に発表されたアメリカのエモリー大学の研究によると、小説を読むことで実

際の「脳に変化が起こる」ことがわかっています[*1]。

研究チームは、数日かけて一冊の小説を読み続けている間、人の脳の中ではどのような変化が起きているかを調べています。エモリー大学の学生二一人に協力してもらい、十九日間毎日fMRI（MRIを利用して、脳の機能活動がどの部位で起きたかを画像化するもの）で測定してもらいました。

最初の五日間は、本を読まない状態でfMRIで測定し、次の九日間は、夜にロバート・ハリスの『Pompeii』（邦題『ポンペイの四日間』菊地よしみ訳、早川書房）（火山の噴火で滅んだ街ポンペイを舞台にした歴史フィクション小説）を三〇ページ読ませ、翌朝に測定していきます。さらに、小説を読み終わった後の五日間もfMRIで脳の活動を測定し続けました[*2]。

その結果、読書から数日経った後でも、左側頭葉内部での脳神経の連結が強化されていることがわかりました。この部位は、言語、記憶、聴覚を司る場所です。

脳の活動において、想像だけではなく、実際に起こる神経連結と同じ連結が脳の中で起きていたのです。たとえば、食べることを想像するとき、実際に食べているときと同じ神経伝達を引き起こしているということです。

主任研究員のグレゴリー・バーンズ氏は、「これまでは小説を読むと、感情移入により小説の主人公になったような気分になることはわかっていました。ですが、この実験により、これが気分の問題だけではなく、実際に脳の中も、まるで主人公と同じ行動をとっているような活動状況になっていることがわかりました」と述べています。

研究者たちによって、読書は言語処理領域を増強し、脳に長期の影響を与えることが明らかになりました。

この実験により、小説を読むと比喩ではなく主人公になりきることができるというわけです。**つまり、主人公の感情や行動したときに起こる脳のリアクションが、そのまま自分の体験として感じられるということです。**これはすごい発見です。

私たちは空を飛ぶことも魔法を使うこともできませんが、「ハリー・ポッター」シリーズを読めば、脳内では空を飛んだり、魔法を使っているときと同じ活動をしていることになるのですから。

今、自分が置かれている現実がどんなに困難なものでも、楽しい小説を読めばそれに則した脳活動が行われ、楽しい気持ちになれるのですから、本は生きる上で欠かせない存在といえるのではないでしょうか。

第5章で扱ったブックガイド

『悲劇の誕生』フリードリヒ・ニーチェ

『イワン・デニーソヴィチの一日』ソルジェニーツィン

『阿房列車』内田百閒

第6章

脳を最高の状態にする読み方

ポイント1

「難易度を無視した読書をする」ことが脳に良質の負荷をかける

第6章は実践編として、はじめに「脳を活性化させる読み方の六つのポイント」を解説し、次に「アウトプットの効用」と「読書時間を確保する方法」を具体的に紹介していきます。

ポイント1　難易度を無視した読書をする
ポイント2　ジャンルを問わず雑食性読書・乱読をする
ポイント3　複数の本を同時並行で読む
ポイント4　書くスピードに近い速さで読む
ポイント5　同じ本を繰り返し読む
ポイント6　読む速さを使い分ける

まずは、「脳を活性化させる読み方の六つのポイント」のポイント1、「難易度を無視した読書をする」からお話ししましょう。

私が読書に関して一貫して思っていることは、「本は難易度を考えて選ばないほうがいい」というものです。

たとえば、江戸時代から明治の初期までの私塾や藩校での教育は、『論語』や『詩経』などの漢文の素読（声を出して本を読み上げること）をさせていました。年端もいかない子どもたちにとって、漢文を素読することは難易度としては相当高かったと思います。

物理学者で日本人として初めてノーベル物理学賞を受賞した湯川秀樹さんは、子どもの頃に祖父から漢文の素読を習ったそうです。

湯川さんは自伝の中で次のように語っています。

「私はこのころの漢籍の素読を、決してむだだったとは思わない。（中略）意味も分からずに入って行った漢籍が、大きな収穫をもたらしている。その後、大人の書物をよみ出す時に、文字に対する抵抗はまったくなかった。漢字に慣れていたからであろう。慣れるということは怖ろしいことだ。ただ、祖父の声につれて復唱するだけで、知らず知らず漢字に親しみ、その後の読書を容易にしてくれたのは事実である」（『旅人――ある物理学者の回想』角川文庫より）

このように、難易度を無視した教育をすることによってしか身につかないものは、確かにあります。

翻《ひるがえ》って今の読者は、「自分にはこれは難しいから」といって、最初から難易度の高い本には手を出さない人が多いようですが、それは非常にもったいないことだと思います。

読書とは、本格的なものに触れることが大事であって、一〇〇％意味がわかる必要はありません。意味がわからなくても読めてしまうのが、「言葉」というものの特質なのです。

つまり、言語はあるレベルに達しないとその意味が伝わらないというものではありません。

それは、子どもが言葉を覚える際に、「この子はまだ五歳だから、私たちの会話は三〇〇ワードだけで済ませよう」などということを周りが考慮してしゃべっていないのと同様です。子どもは、わからない単語はわからないなりに推察できますし、ニュアンスや表情から多くの情報を理解するものです。

私は小学生のときに科学者になるために理科の本をたくさん読んでいましたが、それだけでなく、父親の本棚にあった『マルクス・エンゲルス全集』やマックス・ヴェーバーの『プロテスタンティズムの倫理と資本主義の精神』や夏目漱石の『吾輩は猫である』などを読んでいました。子どもなりに、「これは子どもの読む本ではないな」という意識は何となくあったのですが、あえて自分に「無茶ぶり」をしていました。

今読み返してみると、難解な表現や漢字表記が数多く出てきて、小学生の頭ですんなりと理解できる内容とは思えません。それでも、読めていたという感覚があるのは、言葉の特質に依存していたということなのでしょう。

これが数学の場合は、読書のようにはいきません。数学は積み上げの学習であるため、基礎のステップを踏まずに、いきなり複素関数論を理解しようとしても不可能です。

ところが、言語の場合はたとえ記号や暗号みたいに感じていても、脳はそれなりにちゃんと刺激を受けて回路がつながっていきます。だからこそ、言語の学習は無理筋の学習ができるし、またやるべきなのです。

難易度を無視した読書をするときにもっとも重要な点は「面白さの閾値《しきいち》」にあります。

難易度の高い本は、読み始めた最初の頃はわからないことが多く面白くないかもしれません。それでも、我慢して読んでいると、あるときふっとその面白さに気づく瞬間が出てきます。その瞬間こそが面白さの閾値を超えたときです。面白さの閾値を超えれば、あとはがぜん読むことが楽しくなります。

面白さの閾値は低いよりも高いほうがいい。言い換えると、スラスラ読めてしまう本よりも、苦労する本のほうが楽しいのです。それは楽をすることは脳にとっては、あまりうれしくないことだから。脳は、自分にとって少し難易度が高い本を読んで内容が理解できて、面白いと感じた瞬間に達成感を味わうことでドーパミンが放出されて、快感を得ることができるからです。

脳科学的にいえば、難易度は無視して難しい本を一冊読み通すほうが、やさしい本を一〇冊読むよりも脳への負荷としては正しいのです。

ポイント2 「ジャンルを問わず雑食性読書・乱読をする」ことでセレンディピティを引き寄せる

私の本の選び方は、心理学でいう「スペシフィックハンガー（特殊飢餓）」がモットーです。これは、人間は無意識のうちに自分に必要な栄養素を知っていて、たとえば「今日は何となく肉が食べたいなあ」と思う場合は、実際にタンパク質が足りていないためにそのように思います。そこで、体の声に従って肉を食べることで、栄養のバランスを取ることができます。

私の読書の場合は、「英語の本を読み過ぎたなあ」と思ったら、「久しぶりに内田百閒の随筆を読もうか」とか「マンガの『進撃の巨人』を読もうかな」など無意識にバランスを取ろうとしていろいろなジャンルの本を手に取ります。

そうやってバランスを取れるのは、子どもの頃から幅広いジャンルの本を読んできたからでしょう。海藻のモズクを食べたことがない人は、「モズクが食べたい」とは思いつきません。読書も同じで、いろいろなジャンルの本を読んでいなければ、今の自分に足りていない知識や要素に気づくことができません。

そうなると、自分の人生を変えるかもしれない「運命の一冊」に出合うこともなければ、仕事につながる新しいアイディアを思いつくきっかけになる一冊と出合うこともないかもしれません。

だからこそ、私はさまざまなジャンルの本を読む雑食性読書と、手あたり次第に読む乱読の読書法が大事だと考えます。

以前、解剖学者の養老孟司さんとお会いしたときに、養老さんのタブレット端末を見せていただいたら、大量のミステリー小説が入っているのに驚かされました。養老さんとミステリー小説というのは、何となく結びつかないイメージがあったからです。

養老さんの表に出る発言や仕事に、ミステリー小説好きが直接表れているかというと、あまり大きな影響はないのかもしれません。

しかし、養老さんはそういう目には見えない意外な蓄積を持っているから、すごい人だといわれるのでしょう。人間の「裏側」にあるものが、その人の「人間としての深み」につながっているのだと私は思います。

作家の佐藤優さんは、元外交官で外交のプロであると同時に、神学部の客員教授もされている神学のプロでもあります。そして数多くの著作を発表しています。

そんな佐藤さんの著作の中に、意外に思うような事柄が出てきたりします。たとえば、綿矢りささんの小説の話や、流行りのテレビドラマの話などが頻繁に登場するのです。第一線の外交リサーチに忙しく、日本の流行りの小説やテレビ番組をチェックする時間などなさそうだと思っていたのですが、そういうものこそ時代の流れをつかむのに重要なのだとおっしゃるのです。

頭のいい人は分厚くて難解な本ばかり読んでいる、というのは完全に間違ったイメージなのだと思いました。

養老さんや佐藤さんのように多読・乱読するのは難しいかもしれませんが、みなさんも自分が普段手に取らないようなジャンルの本に挑戦してみてはいかがでしょうか。いつもビジネス書しか読まないという人は、古典文学に挑戦してみる。逆に、小説好きの人は、たまには社会派のノンフィクションなどに挑戦してみるのもいいでしょう。

どんな本がどう役に立つかはわからないけれど、ジャンルを問わずたくさんの本を読んでいれば、それが脳の中に蓄積されてやがていい仕事につながるかもしれません。逆にいうと、雑食性読書や乱読なしで、セレンディピティ（偶然の幸運）に出合うことはありません。

雑食性読書・乱読は、脳にとってもいい効果があります。偏りのない読書が脳のマッサージになるからです。

いつも同じジャンルの本や読み慣れた本ばかり読んでいると、脳の一部の神経回路しか使われないため、脳活動のバランスが乱れます。ある一カ所の回路ばかりが強化されると、そこにヒットする情報しか得られなくなってしまいます。それでは多様化した現代において求められる新しいアイディアや画期的な考えを思いつくことはできません。

ですが、そこにあえて違うジャンル、違う回路を使う本を投入すれば、眠っていた回路

が活発に動き出してバランスが取れるようになります。

ポイント3 「複数の本を同時並行で読む」ことで読書を習慣化できる

「読書を習慣にしたいけれど続かない」「三日坊主になりがち」という人は、「まじめすぎる」ところに原因があることが多いように思います。

最初からたくさん読もうと思って、「一日一冊を目標に読もう」などと言って始めるからスタートダッシュで息切れしてしまうのです。

読書を習慣にするポイントは、タスクを細切れに分け、心理的なハードルを下げることが大切です。

「一日一〇ページ」読むことを目標にして、毎日一〇ページずつ読み続ければ、三〇〇ページの本も一カ月で読めてしまいます。「こんなにいい加減なやり方でいいのかな？」というくらいの亀ペースで進んだほうが、結果的には続けられます。

一冊の本を読んでいると、どうも飽きてきて途中でやめてしまうという人は、「一冊一冊を直線的に通読する」のではなく、「複数の本を同時並行で読んでみる」ことをお勧めします。

「あまり気が乗らないな」と思う本を、何日もかけて最後まで読み通すのはしんどいものですから、そんなときは、さっさと別の本に移って、また一〇ページ読みましょう。

何事にも「その日の気分」というものがありますから、気が向いたら前の本にまた戻るなり、三冊目に手を出してもいいかもしれません。**どんな本であれ「一日一〇ページ」を続けていれば、筋トレと同じように鍛えられて、読むスピードが速くなりますから、そのぶん一カ月で読める本も増えていきます。**

複数の本を同時並行で読むことには、メリットがたくさんあります。

一冊の本であれば、それはあくまで一人の著者の意見ですが、世の中にはさまざまな意見を持っている人がいます。そこで別の本を読んでみて、別の意見にも触れてみる。共通のこともあれば、違うこともあります。いろいろな人の意見が集まることによって、自分にとってどういう景色がみえてくるのかを確かめてみてください。

もちろん、一冊の本にのめり込むことができたら、それは素晴らしいことです。しかし、そうできなくても、さまざまな本を読んでいると、「表現には、柔らかかったり、ユーモラスだったり、扇情的だったり、淡々としていたり、無数のタイプがあるけれど、私はこういう種類の文章が好きだな」とか、「今の社会では、Aという意見の人と、Bという意見の人がいるけれど、私はAの意見に共感できる」などということが見えてきます。

それぞれ主張は違っても、すべての人は「自分の意見が正しい」と信じている――だからこそ世の中には絶対的な正解が存在するわけではないのです。自分がたまたま、ある人の主張する意見に共感を抱いているのに過ぎないのだな、ということもわかってきます。

それが「自分の感覚を見つける」ことであり、「自分の判断力を身につける」ということにつながってくるのです。

どんなに偉い人の意見でも、絶対と思われる教科書も、すべては「ワン・オブ・ゼム（無数の中の一つ）」に過ぎない。あなたも私も、固有の感覚を持った人間として、大きな海の上ではみんなと同等に存在していることが体感できるはずです。

そのためにも、できるだけ多くの本に触れて、「こうでなければならない」「こうあるべきだ」という縛られた考えから自分を解放していきましょう。

ポイント4

「書くスピードに近い速さで」読まないと知識として脳に入っていかない

文章には音楽と同じようにリズムがあります。音楽があるテンポで演奏されなければ音楽として聞こえないように、読書もしかるべきスピードで読まないと知識として脳に入っていきません。

私は「速読法」という読書法をあまり評価していません。速読とはたとえるならば「ベートーベンの第五シンフォニーを五分で演奏してしまおう」ということに相当します。しかしそんなことをすれば、どんなに素晴らしい楽曲でも音楽として成立しません。

文学もそれと同じで、夏目漱石の『坊っちゃん』を十分程度でパパッと読んでしまったら、脳の中で行われる情報処理としては、浅いものにならざるを得ません。『坊っちゃん』には、『坊っちゃん』なりに作品として味わうのに最低限必要な時間があります。つまり、音楽でいうところの演奏時間です。もちろんその中で、比較的早く読書を進める人と、じっくり時間をかけて読む人というタイプは分かれますが、たとえば二時間かけて読んだとしたら、二時間分の音楽が鳴り響いて、そのぶん深い情報処理が行われるのです。

私は大学院生の頃、小説家でドイツ文学者の柴田翔《しょう》先生が受け持っておられた講義を受講していました。その講義では、ゲーテの『ファウスト』の中の「ヴァルプルギスの夜」という章を、ドイツ語の原文で一年かけて読みました。

そのときの体験は、私にとって衝撃的なものでした。ただ読むだけならば、それほど長い時間がかからない文章でも、じっくりと丹念に読み込むことで、初めて理解できることがたくさんあることに気づいたからです。

脳にとって、体験を伴う「時間」は重要な要素です。速読することによって、ある量の情報を脳にダウンロードすることはできますが、脳のA地点からB地点に情報が伝わるのにかかる時間は変わりません。本を読むことは速くできても、読んだ内容を脳が処理するのに要する時間は変わらないのです。脳の中ではどうしても、一分なら一分かけないとできないことが存在します。

つまり、速読によって情報は得られるかもしれませんが、読書によって立ち上がる脳の中の別のプロセスは立ち上がらない。よく「行間を読む」といいますが、文字と文字との間に刻印されたディテールを感じ取るのも、脳にとっての貴重な体験なのです。

では実際のところ、どれくらいのスピードで読めばいいのでしょう。

脳科学的には、まだそのことを解明した研究事例はないのですが、「書くスピードに近い速さで読む」ことが、ひとつの指標ではないかと思っています。

たとえば会話の場合、私たちは相手が話しているのをリアルタイムで聞きながら、それに対する返答を同時にしていることになります。要するに、「話す」という行為と、「聞く」という感覚の認識が同じテンポでなされているということです。

「読む」行為もそれと同様に、自分が文章を「書く」のに要する時間と同じくらいのタイムスケールで読む、というのが理想的なのです。

ポイント5 「同じ本を繰り返し読む」ことで初めて自分のものになる

新しい本に出合ったとき、その本の世界観や書いてある内容がどうしてもよく理解できないことがあると思います。

すべて読んだのだけれど、どうしてもしっくりこない。わかったようなわからないような。でも、なんだか気になる……。そのような本と出合ったとき、私は何カ月後か何年後かにもう一度読んでみることにしています。再び読んで、それでもわからなかったら、また期間を空けて読んでみます。十年後、二十年後に読んで初めて、その本のディテールをしっかりと理解し、自分のものにできる本は少なからずあります。

読書には、ある種の潜伏期間があるのです。

その潜伏期間を経て、初めてその素晴らしさに気づくというようなものです。それは初めて読んでとても魅了されたり感銘を受けた本でも同じです。

一回目に読んで楽しかったところ、面白かったところ、感動したところ、感銘を受けたところ。それらは、必ずしも二回目、三回目に読んで同じように感じるとは限りません。たとえ一〇回読んだとしても、一〇回目に初めて発見するようなその本の新たな魅力があるからです。

私は、自分が本当に好きな本は繰り返し何度も読みます。

そのうちのひとつが、本書で何度も登場している『赤毛のアン』です。

私が『赤毛のアン』を最初に読んだのは十一歳のときでした。それ以来、いったい何度この本を開いたことでしょう。翻訳本と原書を合わせて繰り返し読み続けました。

ところが、数年前に再読したときに「いったい自分は今まで何を見ていたんだ！」と思うくらいの衝撃を受けました。

自分の運命を受け入れる潔さ。そして、それがキリスト教的な世界観に結びついていること。沈黙することがアンの愛の形であったこと。青春時代に誰もが抱く夢を描いているが、最後には平凡な日常に落ち着いていく、そのことを「それでいいんだ」と肯定しているところなど。これまで何度も読んできたにもかかわらず、そのときには気づくことができなかった数々のディテールを発見できました。

読書の喜びとは、潜伏期間を経て得られる「イースター・エッグ」を見つけることにあると思います。

ここで言うイースター・エッグとは、コンピュータのソフトウェアの中にユーモアの一種としてプログラマーが入れておいた隠されたメッセージや画面のことです。イースター・エッグと呼ぶのは、キリスト教の復活祭の際に、彩色した卵をあちこちに隠して子どもたちに探させる遊びにちなんでいます。

たとえば、四月一日になると動き出すプログラムをプログラマーがあらかじめ仕込んでおいて、それを利用者に探させ、その時が来るとメッセージが表示される、といったようなものです。

ポイント6

本によって「読む速さを使い分ける」

アメリカの調査会社IDCの二〇二〇年五月の発表によると、国際的なデジタルデータの量は飛躍的に増大しており、二〇二〇年の全世界の生成、消費されるデジタルデータの総量は五九ゼタバイト（一兆ギガバイト）になります。二〇一〇年時点でのデータ総量九八八エクサバイト（一〇億ギガバイト）と比べると、約六〇倍にも増加しています。つまり、十年間で約六〇倍に増えているのです。

さらに驚くことに、二〇〇〇年時点でのデータ総量六・二エクサバイトと比べると、なんと一万倍。二十年間で一万倍です。

このように情報量が加速度的に増えているということは、そのぶん私たちが知っておかなければならない情報量も増加していることになります。そうなれば情報処理能力を上げないことには追いつきません。

とはいえ、膨大な情報をすべて頭の中に入れることは不可能です。

そこで私はこう考えます。教養には、熟読して身につけていくものと、雰囲気として知っていればいいものがある、と。前者はもちろんじっくり読む読書が必要ですが、後者は速読して全体の雰囲気をつかめばいいものです。

確かに、私は速読という読書法をあまり評価していないと前述しましたが、雰囲気として知っていればいいものに対しては、有効な読書法だと思っています。

研究によると、速読している人の理解度は普通のスピードで読む人よりも落ちるそうです。つまり、速読ではだいたい五〇パーセントくらい理解できれば十分ということになります。

速読においては、本の一字一句を理解しなくてもいいのです。毎日、たくさんの本や論文を読まなくてはならない学者でもそのようにして読んでいます。

実際に私がどんなふうに速読しているのかをご紹介しましょう。

1　目次を見て全体を俯瞰する

2　「これだけは知りたい」「これは面白そう」という自分の目的と興味に合った見出しがあれば、その項目は普通の速さで読む

3 自分が重要だと思うキーワードや、1と2で出てきたキーワードを中心にして、本全体をパラパラとめくって「だいたいこんなことが書かれている」というポイントを把握する

実は、この1から3のように要領よくポイントだけを拾って読むテクニックは「スキミング」と呼ばれる手法で、一定の評価を得ている方法です。この方法は、ビジネスパーソンであれば、資料作成のために本を大量に読まなければならないとき、また、学生であれば、論文に数多く目を通さねばならないときなどに誰もが行っているのではないでしょうか。

ただ日本人の中には、「すべての本を一ページ目から順番に最後まで読み通さなければならない」と思っている人が多いため、スキミングのような読書法に抵抗を覚えるようです。しかし、それは学校で「最初から最後まで読むのが正しい読み方で、読書はすべてそのようにすべきなのだ」という教育を受けてきたからに他なりません。

すべての本を、最初から最後まで読まなくてもいいのです。私は漱石の本はじっくり読みますが、話題になっていて読んでおいたほうがいい本や、情報として頭に入れておいた

ほうがいい本などは、速読で読みます。

速読は精読のように理解することは不可能でも、なんとなく頭の中に入っていればいいものと考えれば、結構役に立つものです。

書くことで、脳の中の情報が処理され、アイディアに結びつく

ここまでは、「脳を活性化させる読み方」について述べてきましたが、ここからは「アウトプットの効用」についてお話しします。

「本を読む」というインプットはものすごく大事なのですが、同時に「書く・話す」というアウトプットもぜひやっていただきたいと思います。というのは、脳の成長にはインプットとアウトプットの両方が必要だからです。

脳の学びの形式には、自分が聞いたり味わったり本を読んだりする「感覚系学習」と、自分が思っていることを話したり書いたりする「運動系学習」があります。この両方のバランスが取れていればいるほど、脳の学びとしては完璧になります。

自分が本を読んで心を動かされたのと同じように、自分を表現できる。これが「感覚系学習」と「運動系学習」のバランスが取れている状態です。

つまり、本などでインプットした知識や情報を実生活で活用するには、脳内に定着させ、必要なときに取り出せるようにしておくことが大切で、そのためには読んだ内容をアウトプットして思い出す機会をつくることが重要なのです。

ところが、私たち現代人は圧倒的にインプットのほうが多い。インターネットを通じてさまざまな情報が入ってくるのに、それを自分からアウトプットするということが追いついていない。ものすごくバランスが悪くなっています。

たとえば、音楽好きでいい音楽をたくさん聴いているため耳が肥えている人は多くいますが、自分でいい音楽を作曲したり演奏したりできる人は少ない。音楽の場合はそれが普通です。

しかし、言葉は普段の生活の中で話したり書いたりするものなので、すべての学習の中で運動系と感覚系のバランスが一番取りやすい。しかも、実生活においても役に立ちます。

人間関係においても、相手の立場や状況を考えて、その場その場で最適なものを会話という形でアウトプットしていくことができます。

文章を書くという行為を考えた場合、今や現代生活の中ですべての基本になっています。会社において仕事をするということは、文章が書けることに他なりません。日々の雑務をこなすことは誰でもできても、きちんとした文章を書けるかどうかは、その人の社会人としてのレベルを分けることにもつながります。企画書を提出するにしても、画期的なアイディアを魅力的なプレゼンテーションとして提案できるかどうかは、日々のインプットとアウトプットの積み重ねがものをいいます。

とはいえ、インプットもアウトプットもやっているつもりだけど、「そもそも俺にはアイディアがないから企画書が書けないんだよ」と思っている方も少なくないと思います。ですが、この考え方は間違っています。実はどういうアイディアが自分の中にあるのかは、誰であってもわからない。それは、書いてみて初めてわかるものなのです。

おそらく、プロの書き手は例外なく全員そのことがわかっていると思います。

自分の内面にあるものはアウトプットしてみないとわからない。脳はそういうつくりになっています。人間の無意識の中にはあまりにも膨大な情報があるため、それらすべてに意識がアクセスすることはできません。しかし、書いているうちに次第に頭の中の情報が

処理されていき、今もっとも必要なアイディアは何なのかということが自ずと判明してきます。その処理に必要なのが、書くという動作なのです。

これは単純なことであり、脳科学の世界ではそのように考える人が多いのですが、実際に世の中では多くは言われていないように思います。そのために、「自分は文章が書けない」「アイディアを思いつかない」と苦労している人が多いのです。

とにかくアウトプットし続けることが大切なのです。

かつて人間に求められていた能力は知恵や知識でしたが、今はそうではありません。インターネット上に浮遊する膨大な情報を使いこなし、それを糧《かて》にして新しい発想を生み出すこと。これがもっとも社会人として求められている能力であり、それは書くという作業においてのみ到達できるのです。

インプットとアウトプットを繰り返すことで文章力を上げる

「文章力」というのは、インターネット時代となった今だからこそ、より重要になってきています。

ひと昔前と違って、今は会社からの通達や取引先とのやり取りなどはメールで行い、報告書もパソコンを使って文章化しなければなりません。直接会って話したり、電話を使って伝えていたものが、今はすべて文章を通じたコミュニケーションに置き換わっています。仕事だけでなく、友人や知人、夫婦や親子の間の連絡手段もメールやSNSを通して行われていますから、それだけ文章を書く機会が増えたといえます。

そうなってくると、自分の考えや気持ちを文章で的確に表現できる人が、仕事でもプライベートでもうまくいくようになります。たとえば何か人に頼もうとするときや、人にメッセージを伝えようとするとき、「文章力」があることが強力な武器になるのです。

私自身、文章の力で心が動かされたことが何度もあります。

説得力あふれる文章で仕事の依頼メールをいただくと、「今すぐ返事をしなくちゃ！」と思わず体が動いてしまいます。X（旧ツイッター）でも、わずか一四〇文字足らずの文章にハッとさせられ、まったく知らない人でも即時フォローすることがあります。

ひとつのことをどう言うかで、相手の心を大きく動かすことができるのが文章です。文章の持つ力をないがしろにする人は、実はとても損をしているといえるでしょう。

では「文章力」を磨くにはどうすればいいのか。そのほとんど唯一の方法は、たくさん読んで、たくさん書くしかありません。本も読まない、文章も書かない。それでいて文章力を磨きたいというのは不可能です。

私自身が日本語の力を維持するためにやっているのは、折に触れて夏目漱石の小説などのような「古典」と呼ばれる作品を読み返すことです。時間を経て「古典」と呼ばれるようになった本は、文章表現の中でも最高峰だからです。

いくらネット上で同時代の文章に気軽に接することができたとしても、それだけでは言葉の筋力は落ちてしまいます。囲碁であれば、ものすごく強い人に挑まないと強くなれませんし、楽器を演奏するのでも、うまい人と一緒に演奏しないと上達しないのと一緒です。

これは何も、誰もが感心するような高いレベルの文章力を目指せと言っているのではありません。今、自分が感じていることをなるべく正確に伝えようとするときも、言葉の精度が高くないと伝わらないからです。

古典といわれる本の中では、練り上げられて鍛え抜かれた文章や自分が知らない表現と出合うことができます。さまざまな文章や表現を知ることは当然、自己表現がうまくできるということにつながります。

このようにして古典と呼ばれる本で言葉の筋力を鍛えたら、次にやることは実際に走り出すこと。つまり、文章を書いてみることです。

私は毎日のXへの投稿とブログ、加えて原稿を書くことで文章力を磨いています。

SNSの投稿は、文字数が限られていますから、少ない文字数で自分の言いたいことを的確に伝えるためのいい訓練になります。会社の報告書や企画書などに応用できると思います。

長い文章を書く必要がある方は、ブログを書くことで磨いていきましょう。その際は、誰にも見せない手書きの日記よりも、誰もが見られるブログに書くことをお勧めします。

その理由は、インターネット上に公開されているブログであれば、読んだ人から何らかのレスポンスがあるため、そのぶん自分の文章力も磨かれていくからです。

まとめると、文章力を磨くには感覚系と運動系の学習サイクルがうまく回るように、本を読んだら、文章を書くというように、インプットとアウトプットを繰り返すことを習慣化するということです。

「細切れ時間活用法」で読書時間を確保

ここからは、みなさんが実は一番気になっているのではないかという「読書時間を確保する方法」について説明していきます。

現代社会においては、仕事に家事に子育て、介護、学び直し、SNSなど毎日が忙しく、ゆっくりと本を読む時間がなかなかとれないのが実情です。

かつては電車の中が唯一ゆっくりとできる時間だったため本を読んでいる人が結構いたものですが、今はスマホがあるため、電車の中でも仕事のメールをしたり、SNSをやったり、動画を見たり、ネット検索をしたりとほとんどの人が気忙《きぜわ》しい毎日を送っています。このような忙しさの中でもっとも犠牲になっているのが、本を読む時間ではないでしょうか。

しかし、まとまった時間を確保できない人でも、簡単に読書時間を確保できる方法があります。

それが「細切れ時間活用法」です。私は、自宅ではトイレやお風呂に入っている時間を利用し、外では電車やタクシーでの移動時間に座って読むだけでなく、待ち時間に立って読んだり、エレベーターやエスカレーターに乗っているとき、そして公園のベンチに横になって読むこともあります。

そのときには、とにかくパッと読み始めるということをしています。とにかく「すぐ読む」という感じです。どのページを読もうかと目次を見たりしてしまうのはもったいない。とにかくすぐにページを開いたところから読み始めます。

とくに英語の原書を読むときにはそうです。どんなに興味のあるテーマの本でも頭から読んでいこうとすると、読み進めているうちに、さまざまな思索が頭に浮かんできてしまい、少しも前に進んでいかないこともあります。そうなってくると、もう本を読むことから気持ちが離れてしまいます。

本を読むとき、ついまとまった読書時間を確保しないとダメだと考えがちですが、本によっては無理して頭から順番に読まなくてもいいのです。「全部読まなくては」と思い込むとそれが障壁となって、読書自体が嫌になってしまいます。そうならないためにも、パッと開いたところから読むわけです。私は一度日本語で読んだことのある本の原書を読むときは、この方法をとっています。思い立ったときに、本を手に取り、目についたところだけ「ふむふむ」と、その部分を集中的に読み込むのです。

まとまった時間がないと集中できないというのは「幻想」に過ぎません。

そして何より「細切れ時間活用法」は、小刻みに分断されがちな現代人の生活に対応しやすい方法なのです。現代社会はインターネットが普及しているため、普段の生活時間そのものが細切れになっています。

集中して仕事をしている最中に、ＳＮＳの通知があったりメールが届くこともありますから、まとまった時間を確保しようとすること自体が無理な話なのです。細切れ時間を上手に使わないと、読書なんてできません。

逆にいうと、細切れ時間でも読書できるように、自分の脳を鍛えていったほうが、現代においては効果的だと思います。

また、細切れの読書は一見すると、いい加減に読んでいるように思われるかもしれませんが、現代の脳科学では、学習は必ずしも秩序立てて行う必要はないと考えられています。断片的なインプットを積み重ねていくというやり方でも問題はありません。

脳は、大きな目標を一度に達成するよりも、目標を細切れにして、階段を一段ずつ上っていくことで成長していきます。ですから、読書が苦手だと思う人も、少しずつでもよい

ので読み進めていってください。

ただし、小説や専門書などのジャンルで初めて読む本の場合は、「拾い読み」をすると情報があまりにも断片化してしまう可能性があります。そのため、細切れの読書は、ビジネス書や自己啓発本などどこから読んでも内容が頭に入りやすい本や一度読んだことがある本のほうがいいでしょう。

耳読を使った「ながら読書」なら読む時間が大幅に増える

「読書時間を確保する方法」の二つ目は「耳読」です。

耳読とは、読んで字のごとく「耳で本を読むこと」。つまり、音声化されたオーディオブックなどを聴くことで、目で読むのと同じ情報をインプットすることができるというものです。

耳読の最大のメリットは、「ながら読書」ができること。[*1]

耳読は、目を使わずに耳だけで読書できるため、本来は読書できないはずの時間が、耳から情報をインプットする時間に変えられるのです。

たとえば……

- 本を開くスペースもないような満員電車に揺られる通勤・通学時間
- 通勤・通学や移動などで歩いている時間
- 通勤や営業のための自動車運転時間
- ランニングやウォーキング時間
- 料理や掃除、洗濯などの家事時間
- 入浴や歯磨き、髪を乾かしているなどの身づくろいの時間

このようなことをしている時間は、手や目はその作業でふさがっているため、本来だったら読書はできない時間ですが、耳は空いているため、どんなに忙しくても耳読する時間は確保できるのです。

また耳読は、目が疲れているときでもできるというメリットもあります。

現代生活では、パソコン、スマホ、テレビと、長時間にわたって目を酷使していますか

ら、その上読書となると目が疲れてとてもできないという人も多いでしょう。あるいは、老眼で本が読みづらい人でも耳で聞く耳読ならできるというわけです。

ただ、耳で聴くだけで本当に内容が頭に入るのか、という疑問の声も聞きます。

普段、私たちは情報を目から得ていることがほとんどですから、初めのうちは耳読という読書スタイルに戸惑う人も多いと思います。耳からだけでは、情報が素通りしてしまうような感覚を覚えるのでしょう。

記憶を定着させるには、複数の感覚から情報が入力されると強化されます。したがって、視覚だけでなく、聴覚からも情報を入力すれば記憶はより定着します。[*2]

言語能力の中でもインプットに関わる、リスニング能力とリーディング能力は相互関係を持っています。耳読は聴覚を活用するのでリスニング能力が鍛えられます。また、リスニング能力が鍛えられることでリーディング能力も向上し、結果的に言語能力そのものを高めることができるのです。そのため、耳読でも十分情報は入っていきます。

オーディオブックは、本一冊丸ごとをプロの声優やナレーターが朗読した音声、すなわち「聴く本」ですから、聴きながらその内容についていろいろな考えを巡らすことができます。

目で読むときは、話の展開を目で追い、意味を理解することに集中する必要があり、考えることが難しいのですが、音を聴きながらだと楽に考えることができます。おそらく本を読むよりもオーディオブックで聴くほうが脳への負担が少ないため、本の内容に考えを巡らせることができるのだと思います。

目で読む読書の場合は、まず「視覚から入った文字情報を音に変換し」「その音を聴覚から言語野で理解する」というプロセスを経ます。

オーディオブックの場合は、「視覚から入った文字情報を音に変換する」プロセスが省かれるため、脳は聴くのと同時に考えることができるのではないでしょうか。つまり、人が話すのを聴いていると、脳は同時に考えて読むことができるということなのです。すると、本の内容に対してより深い理解を得ることができます。

セミナーや講演会に参加したときも同じことが起こります。聴講者がセミナー終了後に、講師に質問しにいくというのは、セミナー中に講師の話を聴きながら自分の考えを巡らせている証拠です。

このように考えていくと、オーディオブックで耳読するというのは、私たちが考えている以上のメリットを秘めているのかもしれません。

オーディオブックは、かつてはカセットテープやCDで聴くものでしたが、今はスマホのアプリで簡単に誰でも聴くことができるようになっていますので、ぜひ試してみてください。耳読で「ながら読書」ができるようになれば、それだけより多くの知識や情報を得ることができるのですから。

第7章

読書プラスαでAI時代を乗り切る

知識をたくさん持っているだけでは AIには敵わない

最終章の第7章では、「教養」を主なテーマにして、AIが何でも知っていて教えてくれる今の時代において、「私たち人間が読書をはじめとする教養を身につける体験から得た知識や情報を、どう自分たちの人生に活かしていったらいいか」や、「AI時代に対応できる新しい教養である〝動的教養〟を磨くにはどうすればいいか」について語っていきたいと思います。

インターネットが登場する以前の文化人、教養人といわれた人たちは、自分の知識を広げるために、本を読み、映画や音楽を鑑賞するなどして外部の情報を自分の内側に取り込んでいったものです。そのようにして取り込んでいった知識は、やがて「ものを良く知っている」「普通の人よりもたくさん知識を持っている」と重宝がられ、尊敬されステータスとなりました。豊富な知識を持っていることが、社会的地位や立場や収入にそのまま結びついていたというわけです。

ところが、それまで大学や研究機関でしか使われてこなかったインターネットが一九九五年にウィンドウズ95が登場して以降は一般にも普及していき、さらには二〇二二年十一月にサービスが開始したＣｈａｔＧＰＴを始めとするＡＩが急速に進化していったために、知識量だけを見れば人間をはるかに凌駕する存在となりました。今の時代は、ただ単に知識をたくさん持っているだけでは、ＡＩには敵わないですし、教養人とも言えなくなってしまったのです。

私は教養には「静的教養」と「動的教養」の二種類があると考えています。

「静的教養」とは、本を読み、音楽を聴き、映画を観る、といったことから知識の幅を広げ蓄えることによって身につくものです。

「動的教養」とは、ＩＴスキルを使いこなして情報収集をし、その情報を再編集することで知識の幅を広げ、それを元にして行動を起こしたり、コミュニケーションに役立てたりできる力のことです。

つまり、今の時代の真の教養人とは、従来型の「静的教養」と合わせて、ＡＩ時代に対応できる新しい教養である「動的教養」を身につけ、激動の世の中を自由にたくましく、しなやかに生きていくことができる人なのです。

「動的教養」こそが現代に必要な新しい知識

「動的教養」とは具体的には、どんなものなのか海外旅行を例にして説明しましょう。

あなたは、添乗員付きのツアー旅行ではなく、個人でイタリアを旅しているとします。空港の案内板は英語が並記されていたので、なんとかクリアできた。でもいざ街中を探索してみると、道案内の看板やショッピングセンターなどの標識は、イタリア語のみの表記が多い。看板にはイラストなどが表示されているので、なんとなくイメージが掴めるものの、やはり英語とは違うため、だんだん不安になってきます。

そのとき役に立つのが、スマートフォンのカメラをかざすだけで自動的に画像検索してくれる「Ｇｏｏｇｌｅレンズ」。この機能を使えば、看板を翻訳して読ませることもできます。Ｇｏｏｇｌｅレンズは言葉がわからない海外でも重宝するけれど、家の近所を散歩しているときに目にした花の名前などを知ることもできます。「この花はきれいだな。なんて名前なんだろう？」と思ったとき、検索ワードが思いつかず調べられないときに便利です。

イタリア旅行の話に戻すと、看板を読ませるとジェラートのお店が多いことがわかった。どのお店がおいしいかは、インスタグラムで調べてみる。近くで良さそうな店が見つかったので入ってみることに。イタリア語はしゃべれないけれど、スマートフォンのアプリ「Ｇｏｏｇｌｅ翻訳」を使えば、音声を同時翻訳してくれから、店の人とのやり取りも問題なくできた。

このように身近にあるツールを使いこなして、知識を得て、実際の行動やコミュニケーションに役立てることができるのが、「動的教養」です。私はこれこそが新しい時代の教養だと感じています。

「動的教養」は、社会的な地位や立場と直接結びつくものではありませんが、自身の収入とは直結しています。

「動的教養」が収入と直結している典型的な例は、ユーチューバーなどがそうです。

ＩＴスキルを使いこなし、動画の撮影、編集を行ってユーチューブにアップする。その動画に人気が出て再生回数が増えれば、スポンサーがついて収入を得ることができます。

たとえば、十代のユーチューバーが一生暮らしていけるだけの富を稼ぎ出すことができれば、極端な話、本人が望めば一生働かなくてもいい、ということになります。お金で時間を買ったともいえるでしょう。自由になった時間を利用して、学問を追求したければすればいいし、芸術に生きるのもいい。働きたいと思えばどこかの会社に入ってもいいし、自分で起業してもいい。

そしてその先にどんな未来が待っているのかは、今の時点では誰も想像できないような、より自由で新しい場所かもしれません。

当然ですが、従来型の「静的教養」を積み重ねていくことでも、自分が目指す仕事に就いたり、資格を取ったりすることで今より新しい場所に行くこともできます。ですが、そこは古い価値観に縛られた場所であるかもしれません。

けれども、従来型の「静的教養」とともに新しい教養である「動的教養」を身につければ、新たな価値を生み出すことができるため、より自由で新しい場所に行くことができます。

本で読んだ知識を実生活に活かす方法とは？

「静的教養」と「動的教養」を合わせて身につけることで、より自由で新しい場所に行くためには、行動を起こさなければなりません。

読書という「静的教養」でいえば、多くの人は良書に出合っても、読んだら読みっぱなしで終わりにしてしまいます。これは本当にもったいないことです。本で得た知識や情報をビジネスの場や実生活の中で、何らかのかたちで活かすことができれば、人生を変えることだって不可能ではありません。

実際に、一冊の本に出合い、そこに書かれていた言葉に感銘を受けて人生の道を見つけた人物がいます。古代ギリシャの哲学者でストア派哲学の創始者であるゼノンです。

ゼノンは紀元前三三五年にキプロス島のキティオンで商人の子として生まれ、自らも商人となりました。皇帝御用達の染料を扱い若くして大富豪となります。

ところがある日、フェニキアから輸入した染料を積んで航海していたとき、大嵐に遭い船は難破してしまいます。無一文になったゼノンはアテナイで物乞いをせざるを得ませんでした。そこで一軒の本屋を見つけて腰を掛け、ふと一冊の本を手にします。それがソクラテスの弟子のクセノフォンが書いた『ソクラテスの思い出』という本でした。

この本はソクラテスの死後、生前のソクラテスの言行をまとめたもので、ゼノンは本を読んで衝撃を受けます。当時のギリシャでは、徳が備わるのは高貴な者に限られるとされていました。しかし、ソクラテスの本には鍛錬して知恵をつけることで、誰もが徳を習得できると書かれていたのです。ゼノンが新しい未来をつくる言葉に出合った瞬間でした。

興奮したゼノンは、本屋の店主に「この本に書かれているような人たちには、どこに行けば会えますか?」と尋ねます。すると偶然にも、キュニコス派(ソクラテスの弟子のアンティステネスが開いた学派)の哲学者であるクラテスが通りかかったため、本屋の主人は「あの男についていきなさい」と言うのです。その日から、ゼノンはクラテスの弟子となり哲学の道に没頭していくことになりました。

それから二十年間、ゼノンは鍛錬の末に自身の思想を確立し、アテナイのアゴラ(広場)が見渡せるストア・ポイキレと呼ばれる柱廊(柱を並べただけで壁のない廊下のこと。ストアともいう)で講義を行うようになったのです。やがて、ゼノンの哲学は徐々に支持を集め、彼の講義を聞こうと人々がストアに集まったため、その人たちは「ストア派」と呼ばれるようになりました。ストア派の哲学はゼノンの死後も弟子たちによって脈々と受け継がれていきました。

さて、このゼノンの話から現代の私たちが学べることは、感銘を受ける本に出合ったら、直接作家に会いに行ったり、そのコミュニティに学びに行くという姿勢です。ゼノンは、本を読んだら読みっぱなしにはせず、弟子入りし哲学を学ぶという行動を起こし、自分の人生を変えたのです[*1]。

本は、読めば著者の思考に深く触れられるとても便利なものですが、直接著者に会うことによって、本に書かれている内容がより生き生きと自分の中に入ってきます。

著者に会いに行くのは、そんなに難しいことではありません。その著者が登壇するセミナーや講演会に参加すればいいのですから。講演会などで、著者の話を直接聞くことで、本の内容をより深いレベルで理解でき、自分のものとすることができます。

また、著者の人となりに触れることもできます。人となりがわかると、なぜ著者がその本を書いたのか、どういった思いがその本に込められているのかといった、本を読んだだけではわからないことを知る機会にもなります。

著者に会いに行ったことで、単なる好きな著者から、自分の人生を導いてくれるメンターのような存在になるかもしれません。「私もこの人のようになりたい」と思って何度も講演会などに参加すると、メンターの言葉や行動が自分の中に浸透していき、やがてはゼノンのように自分もメンターになることができます。

講演会などをめったにやらない著者と近づきたい場合は、今は昔と違って著者ご本人がSNSやブログをやっていたりホームページを設けて情報発信していますから、それらを活用してこちらからアプローチすることもできますから、是非やってみてください。

人生を変えたければ、読書＋行動が必要なのです。

読書＋ネットで、動的教養を停滞させない

ＡＩが台頭する今の時代を生きている私たちにとっての最大の敵は「停滞」です。あるいは、思考が停滞している人と言い換えてもいいかもしれません。

停滞を辞書で引くと「物事があるところにたまって、とどこおること。不活発で進歩しないこと」となっています。

停滞している人の特徴は、動的教養のインプットが足りないために、価値観が古いまま更新されていないことです。古い価値観のまま生きていると、やがて思考停止に陥ります。なぜかといえば、価値観という情報が更新されないと、昔からの考えしか知らないた

め、それが唯一正しいことだと信じてしまうからです。思考停止し停滞した人たちは、表面的なこと（規則や前例など）だけにとらわれてしまって、物事の本質が見えていません。「天は人の上に人を造らず、人の下に人を造らず」で始まる『学問のすすめ』で有名な福沢諭吉は、形式的なだけで中身のない慣習や古い価値観に縛られた固定観念にとらわれることを嫌悪し「独立自尊」という考えを提唱しました。

独立自尊とは、自分の外にあるさまざまなものを、自らの拠《よ》り所にさせないこと、という意味です。福沢諭吉は、それが日本人にはもっとも不足しているところだと言いました。独立自尊という理想は、明治以来、百年の時を経た今でも、日本では実現されているとは言い難い、と私は考えています。

独立自尊がなされていない典型的な例としては、テレビなどが顕著ではないでしょうか。

たとえば、ある情報番組で「○○は脳にいい！」「○○は健康効果が高い」といったことを言っているとします。そのようなときに、動的教養のインプットを行わずに、その番組の情報を鵜呑《うの》みにして、自分で調べたり、考えたりできない人たちは、自分の外にあるものに自らの拠り所を求めてしまっています。そのため、その先にある物事の本質にたどりつくことができないのです。

しかし、現代の日本社会においては、インターネットに接続さえできれば誰でも簡単にあらゆる情報を手に入れることができます。調べ方さえ知っていれば、専門的な情報や最先端の情報を入手することもできます。

このようにして、自分で調べ、その情報をもとにして自分の中にあった古い価値観や情報を更新できれば、やがては自分で考えることができるようになります。大事なのは、「情報を得ようとする姿勢」と「自分で考えようとする姿勢」です。この二つの姿勢こそが、インプットの停滞を防ぎ、静的教養だけでなく、動的教養をも自分のものにできるはじめの一歩となります。

ここまでは、静的教養のことを従来型の教養だと述べてきたため、読者のみなさんは読書は静的教養だと思っているかもしれません。ですが、実は本は読み方次第で動的教養をインプットすることにもなりえます。

ちなみに言っておくと、読書をしないで知識や情報を獲得することは、どんなにインターネットやＡＩが発達したとしてもありえないことなので本はぜひ読んでほしいと思います。

動的教養が増やせる読み方とは、第6章で紹介した雑食性読書と乱読のことです。普段、あまり読まないようなジャンルの本を選んで、手あたり次第、少し無理をしてでも読んでみることが大切なのです。普段読まない本であれば、自分の視野や教養の幅を広げる助けになってくれるはずです。

なぜ、こんまりの「片づけ」は世界でウケたのか

それでは動的教養を磨くにはどうすればいいでしょうか。
そのための方法は次の三つに集約されます。

一、広く知ること
二、深く知ること
三、常識を疑うこと

一つ目の「広く知る」ことが、なぜ動的教養を磨くことにつながるのかというお話から始めましょう。

メディア研究の第一人者であるカナダのマーシャル・マクルーハンは、一九六二年に『グーテンベルクの銀河系』という著書の中で「グローバル・ヴィレッジ（地球村）」という言葉を紹介しています。グローバル・ヴィレッジとは、テレビやラジオといった電子的なマスメディアによって、時間と空間の限界が取り払われ、地球全体がひとつの村のような強いつながりを持てるようになる、という考えです。

今では、主にインターネットのことをいうメタファーとして使われています。インターネットによって世界中の利用者が相互に連絡を取り合うことが可能になり、コミュニケーションがグローバル化され、同時にウェブを介していつでもどこでも簡単に情報を得ることできるようになったため、文化の面でも社会的な活動の面においても、新しい構造が形成されています。

このようにグローバル化された社会では、さまざまな文化が混じり合っているため、教養を磨くには「広く知る」ことが必要になってきます。

「広く知る」ことで、世界中で評価され成功した例としては、片づけコンサルタントの

〝こんまり〟こと近藤麻理恵さんが挙げられるでしょう。

こんまりさんは、二〇一〇年に『人生がときめく片づけの魔法』を出版して話題となり、二〇一四年にはアメリカでも出版され、ベストセラーになり、二〇一五年には「世界で最も影響力がある100人」に選ばれ世界中に〝こんまりブーム〟を巻き起こしました。熱狂的なブームが去った後も、アメリカでは「Ｋｏｎｄｏ」という言葉が「片づける」という意味で使われるほどにその影響力は定着しました。

彼女がなぜそこまで評価されたのかというと、片づけを単なる収納術や掃除スキルで終わらせるのではなく、「ときめくかどうか」を基準に断捨離《だんしゃり》をするという独自の思想があったからです。

こんまりさんは、片づけを「物と対話する作業」と位置づけています。たとえば服を断捨離するときには、その服に「また会いたいと思うかどうか（＝ときめくかどうか）」考える。家に置いておくことにした服は「おうちの子」として大切にする。ときめかない服には「お礼を言ってお別れを告げる」。新品のタグを切る作業は「へその緒をパチンと切ってあげる儀式」なのです。

物と対話し物に精神性を求める思想は、すべてのものに神が宿るという八百万《やおよろず》の神の世界観に非常に近いものがあります。

こんまりさんが日本だけに留まらず、世界に打って出たのは、すべてのものに霊魂が宿っているという精霊信仰に根ざした精神世界が、片づけを単なるスキルとして捉えていた外国人にとっては、新鮮であり心に響くものになるのではないか、と考えたからだと思います。その考えは、『人生がときめく片づけの魔法』がアメリカでヒットしたことをきっかけにして、彼女自身が世界を広く見渡すことができたから得られたものではないでしょうか。

グローバル化された今の時代に、こんまりさんのように世界で評価されるには、まずは世界を広く知ることが大切なのがおわかりいただけたかと思います。

全体を俯瞰して再編集できる感性は人間にしかない

こんまりさんの例からもわかるように、「広く知る」ための方法として、まず必要なのは「見渡す」ことです。

見渡すとは、鳥のように空高くまで飛んで行って上空から世の中全体を俯瞰するように見る視点のことです。教養を得て世の中の役に立ちたいと考えるならば、この俯瞰する力（見渡すこと）は欠かせません。

なぜなら、自分の中に「これは世界に例をみない新しいものだ」という基準がなければ、自分が思いついたひらめきやアイディアが新しい価値を生む唯一無二のものだとわからないからです。

見渡すために必要なのは、「世の中の出来事を広く知っておくこと」ということになります。ですが、それらを知っていること——つまり自分の頭の中にいくら知識や情報をため込んでも——それは静的教養の域を出ません。テクノロジーが発達した現代においては、知っていることそれ自体にはたいした価値はありません。知識や情報はインターネットで検索すればいくらでも出てきます。インターネットが有する知識量は、ひとりの人間が保有する知識量をはるかにしのぐものですから。

動的教養が求められる時代に必要な「広く知る」こととは、知識を知っていることではなく、知っている知識や調べた知識を「リオーガナイズ」することです。リオーガナイズとは、知識全体を見渡して再編集できる感性と直感なのです。

現代美術家でポップアーティストでもある村上隆さんは、「スーパーフラット」という概念を打ち出して世界に認められました。

スーパーフラットとは、日本画の浮世絵や現代の漫画やアニメのフラット感（平面的で遠近法をあまり用いない表現法）を表現した現代美術の芸術概念ですが、この概念を見出すには、日本の美術史という静的教養を持っていなければなりません。

その一方で村上さんの生み出す作品には、アニメや漫画、フィギュアなどいわゆるサブカルチャーであるオタク系の題材をモチーフにしたものが多いことから、現代ポップアート全般にも精通しており、さらにはアートを経済活動にまで押し上げるなど、動的教養の蓄積もある人です。

村上さんは静的教養と動的教養を併せ持つことに加えて、時代を読むセンスやアートに関する鋭い感性があったからこそ、スーパーフラットという概念を生み出すことができたのでしょう。

村上さんのように、現代ポップアートという今まさに刻々と変化していくものの情報を収集し、それを日本の美術史と掛け合わせてリオーガナイズする感性を持つことは、まだＡＩにはできない人間だけの領域です。

では、時代を読むセンスや感性をどうやって身につけるのかといえば、とにかく、今まさに動いている即時情報に触れて動的教養のインプットを蓄積させていくことです。

そのようにすることで、静的教養と動的教養、センス、感性のすべてがひとつながりになり、「今は、これに価値がある。これをやればきっとうまくいく」ということが直感でわかるようになります。

世の中を「広く知り」発信力を高めるにはXが最適な理由

テレビが登場する以前は、ラジオが最先端の情報にアクセスできる最適のツールでしたが、今ではSNSがその役割を果たしているといえます。SNSの中でも私がとくに注目しているのがX（旧ツイッター）です。

「今さらX？」と思うかもしれませんが、Xを見れば今の世の中で起こっているおおよそのことが把握できます。それはXにトレンド機能があるからです。トレンド機能は、スマートフォンであれば、話題が検索タブの「トレンド」セクションに表示されます。

トレンドがどのように決定されるのかというと、フォローしているアカウント、興味関心、位置情報をもとにカスタマイズされています。トレンドに表示されるワードは、ここ数日や今日一日で話題になったことではなく、今まさに注目されているワードが選び出されるため、Xで今まさに盛り上がっている最新の話題をリアルタイムで見ることができます。

このとき重要になってくるのが、フォローリストです。自分が欲しい情報や知りたい情報を得るには、自分の興味や関心事を発信している人をフォローし、フォローリストをつくればいいわけです。私のフォローリストに入っている人たちは、私が彼らの発信を常に把握しておきたいと思う人物だけです。したがって、このフォローリストを見れば、自分の興味や関心に沿って今話題になっていることのおおよその傾向をつかむことができます。

私がXのトレンドワードをチェックしている時間帯は早朝です。その時間帯がXのトレンドワードが一番活発に動くためです。Xのメインの利用者は日本の十代から三十代くらいまでの若者で、彼らが学校や会社に行く前の早朝の時間帯に投稿するからでしょう。

なぜ私が、若者の投稿を気にするのかというと、若い人たちは最先端の情報に敏感であり、リアルにその情報に触れながら生活している人たちだからです。私にとっては、若者たちの投稿は、今ここで起こっていることをリアルタイムで知ることができる貴重な情報源となっています。

若い人の関心や興味を映し出したトレンドワードを自分なりに咀嚼《そしゃく》することで、私自身の動的教養も磨かれていきます。Xを見ることは、自分の発信力を磨けるというメリットもあるのです。

二〇一八年に『しょぼい起業で生きていく』という本が出版されヒットしました。著者の「えらいてんちょう」さんの本業は経営コンサルタントなのですが、ツイッター（現X）での発信が注目を集めたことからフォロワー数が急速に増え、書籍を出版するに至ったという人です。

これまで無名だった人物が自身のSNSの発信からバズり、有名人となる。この流れは最近ではよく見られる事例となっていますが、彼らはどうしてそんなことができたのでしょうか。それは彼らの発信する情報に価値があったからです。逆にいえば、誰もが知っている情報をどれだけ投稿しても誰にも見向きもされないということでしょう。

投稿にその人なりのオリジナリティがあって、多くの人にそれが価値のある情報だと認識されれば、学歴も地位も関係なく、社会的なステータスを手に入れることができるのが今の世の中です。

オリジナルな情報を発信できる人が強く求められている今こそ、Xで動的教養を得て、それを自分の中で咀嚼して、オリジナルな情報として発信することが求められています。

自分が発信した情報にオリジナルな価値があるのかどうかの判断は、世間がしてくれます。つまり、リポスト（旧ツイッターではリツイート）の数やフォロワー数が多ければ多いほど価値があるということになります。

最初のうちは、リポストの数やフォロワー数は伸びないかもしれませんが、試行錯誤を繰り返すことで動的教養が磨かれていき、やがては価値ある情報を発信できる力がついてきます。

「深く知る」にはクラスターに気づき掘り下げる

動的教養を磨くために必要なことの二つ目として、「深く知る」ことについてお話ししたいと思います。

一つの目の「広く知る」ことと同時に「深く知る」こと――つまり「広く深く知ること」――が教養を磨くためには必要なのですが、忙しい現代人は、広くかつ深く知るための時間も暇もない、と思っているところでしょう。

そこで私が提案したいのは、すべてのことに対して「深く知る」必要はなく、自分の仕事や趣味、関心事に関わることだけに深くなればいいということ。もう少し具体的に言うと、自分の仕事や趣味、関心事に関係するクラスター（集団・群れ）を見つけ、それを深く掘り下げればいい、ということです。

ひと昔前の時代においてはクラスターと言えば、テレビの視聴率や新聞の発行部数、書籍の印刷部数などによって、メジャーやマイナーという区分が簡単にできて見つけやすいものでした。

しかし、インターネットの登場により、それまでマイナーだとされてきたものにも、一定のクラスターが生まれるようになりました。今では個々人の関心領域においてロングテールのクラスターがあって、それぞれにアクティブな人たちがいるというわけです。

たとえば、ある人が同人誌で漫画を描いてイベントなどで販売しているとします。その漫画は決してメジャーな存在ではないけれど、一部の人たちにとっては大変な人気がある。これだけですと、マイナーな漫画というカテゴリーで括《くく》られてしまいますが、そのようなマイナーな漫画がSNS上で話題になって人気になれば、もうマイナーな存在ではなくなります。

今の時代は人々の関心が多様化していることから、クラスターが世界中にたくさん存在し、かつ細分化されています。そして、クラスターごとに共有する情報の種類が異なっています。

何がメジャーがわからなくなりつつある時代においては、誰もが知っていてテレビで取り上げられるようなメインストリーム的なもの、つまり静的教養だけを追いかけていては、動的教養は磨かれません。

それよりも、自分が関心を持つものに対して、アンテナを立て、自分にとって重要なクラスターを見つけるべきです。自分にとってのクラスターが見つかったならば、それに関する知識や情報を収集して、深く掘り下げていけばいいのです。

知識偏重型からプロジェクト型学習へという流れ

次は、自分にとって重要なクラスターを深掘りするための具体的な方法について説明していきましょう。

私がこの何年かの間でとても注目しているのが、「プロジェクト型学習」です。世界の教育現場でも、「知識型の学習からプロジェクト型の学習へ」という大きな流れがあり、日本でも二〇二〇年から実施されている「新学習指導要領」では「主体的・対話的で深い学び」が重視され、子どもたち自らが課題を設定し、解決できる力を育む、「プロジェクト型学習」が導入されています。

プロジェクト型学習は、課題解決型学習とも呼ばれているように、理科や社会、英語といった特定の教科を勉強するのではなく、教科横断型の探求学習で、プロジェクトや目標達成のために取り組む学習です。プロジェクト型学習は、それをすることによって学ぶ意欲や思考力が上がり、知識の定着にもつながります。

とはいえ、日本の学校ではあらかじめ決められた答えがある教科ごとの学習が大半を占めているというのが現状ですし、仮にプロジェクト型学習を行ったとしても、調べたことを発表するだけの「調べ学習」で終わってしまっていることのほうが多いでしょう。プロジェクト型学習において重要なのは、自分で学ぶべき課題を見つけ、そのための戦略を立て、情報を集め分析して自分なりの結論を出し、さらにそれをわかりやすく表現することにあるのです。

このプロジェクト型学習の手法で書かれた本が、スウェーデンのカロリンスカ研究所の教授だったハンス・ロスリング氏の遺作『ファクトフルネス』（日経ＢＰ）ではないでしょうか。

この本は、教育、貧困、環境、エネルギー、医療、人口問題などをテーマにして、統計データや事実にもとづき世界を読み解いた結果、「世界はそんなに悪くなっていない」というメッセージを発信したもので、ＴＥＤトークでは伝説のプレゼンテーションと呼ばれ、動画の再生回数は三五〇〇万回以上になり、本は世界中で大ベストセラーとなりました。

しかし、『ファクトフルネス』で描かれているテーマは、これまでにも何度も選ばれているテーマであり、課題そのものは目新しくありませんが、この手の本の中で『ファクトフルネス』だけが突出して売れました。

その理由は、データを一目見てわかるようにグラフィック化したことにあります。このひと手間を加えたことで、『ファクトフルネス』はベストセラーになりました。そしてそのひと手間は、メインの著者であるハンス・ロスリング氏の息子のオーラ・ロスリング氏とその妻アンナ・ロスリング・ロンランド氏によるものだそうです。

この本はメインの著者であるハンス・ロスリング氏が「課題」を見つけ「情報収集」し「戦略」を立て、ハンス・ロスリング氏の息子とその妻によって「解決法」が示された、という左記のようなプロジェクト学習の手順でつくられました。

1、（課題）世界はそんなに悪くなっていない、という情報を伝えたい目的があった
2、（情報収集）同じようなことを語る類書は売れていない、というデータがあった
3、（戦略）どのようにすれば売れる本になるかを考え、戦略を立てた
4、（解決法）データをグラフィック化するという表現でわかりやすくした

これから必要になるのは、革新的な技術や発想によって新たな価値を生み出し、社会に

大きな変化をもたらすイノベーションです。そのイノベーションを起こす土台となるのが、プロジェクト型学習です。

しばしば、学校での学びは実生活では役に立たないと批判されますが、プロジェクト型学習は、課題解決に向けて戦略を立てて情報を集めることにより、机上の学びにとどまらず、知識が現実に結びつきながら深まっていくため、そのまま実践力となりえます。

ですからみなさんも、プロジェクト型学習を意識して、自分にとってのクラスターを探して課題とし、情報を収集し、戦略を立てて実践する、ということをやってみてください。そして、それを繰り返すことで、結果として動的教養が深められます。

「当たり前の常識」を疑おう

動的教養を磨くために必要なことの三つ目は「常識を疑う」ことです。

なぜ、常識を疑うことが必要なのでしょうか。テニスの四大国際大会のひとつ「ウィンブルドン選手権（全英オープン）」と大相撲の話を例にして説明しましょう。

ウィンブルドン選手権は、毎年六月最終月曜日から2週間の日程でイギリスのウィンブルドンで開催されていますが、一九七〇年代以降、門戸を解放しました。その結果、外来勢が優勢になり、優勝まで勝ち残る地元のイギリス人選手がほとんどいなくなってしまいました。このことになぞって「自由競争による地元勢の淘汰《とうた》」を表す言葉として、「ウィンブルドン現象」という言葉が生まれました。

実は日本のスポーツ界にもウィンブルドン現象が起こった競技があります。それが大相撲です。

大相撲では一九九〇年代頃から曙《あけぼの》、武蔵丸、小錦などハワイ出身の外国人力士が活躍し始め、その後、把瑠都《ばると》や琴欧洲など欧州出身の力士、そして、朝青龍《あさしょうりゅう》を皮切りに二〇二一年に引退した白鵬《はくほう》、照ノ富士《てるのふじ》、霧島、豊昇龍《ほうしょうりゅう》などモンゴル出身の力士の活躍が続いています。

そのため、相撲協会では外国人力士が強くなり過ぎたことを理由に、二〇一〇年から「一部屋外国出身者一人」というルールを設けて人数の規制をかけています。

ウィンブルドン選手権や大相撲において、なぜウィンブルドン現象（自由競争による地元勢の淘汰）が起こってしまったのでしょうか。いろいろな要因が考えられますが、ひとつには、地元にもともとあった勢力は「常識」や「古い価値観」にとらわれ過ぎたからではないでしょうか。

大相撲でいえば、古くは朝青龍、最近では白鵬などの外国人力士のプレイスタイルや礼儀が「国技としての大相撲」にふさわしくないと観客から非難を受けたこともありました。

そういったことが起こるのは、観客や相撲協会が「国技としての大相撲」という伝統や権威に凝り固まっているからです。

確かに、国技としての大相撲の品位を保つためには、伝統を重んじることも大切なことです。しかし、国技としての品位は守りつつも、これまでの常識や古い価値観を疑い、グローバル化が進む世界の中で、大相撲はどうあるべきかといった立ち位置を探すことも必要ではないかと思います。

そのようにして、「当たり前の常識」「当然の教養」と思われていたものを疑うことで、動的教養はさらに深まっていきます。

教養は好きなことをやりながら身につける

本来、教養とは人を自由にするものですが、これまでの学校教育で学ぶ教養は、「社会に出るための準備としての教養」という感が否めません。

社会に出る準備ですから、実践では役に立たない基礎的な知識ということになります。端的に言えば、暗記を始めとするテクニックで解ける、答えがひとつしかない問題にしか対応できない教養、ペーパーテストで高い点数をとるためのものです。それは果たして人を自由にするものなのでしょうか。

ペーパーテストで高い点数をとるというのも、ある限定的な条件の下では人を自由にするものと考えることもできます。どうしても医者になりたい人にとっては、医学部に受かることは必須です。医学部に入るには、独特の受験テクニックやノウハウが必要であることは確かなので、ある種の受験テクニックを学ぶのも間違いではありません。医者になるという、その人にとっての自由を手にできるからです。

ただし、医学部に入るための受験テクニックは、医学部に受かってしまったあとでは、ほとんど役に立たない教養となってしまうことも確かです。医学部で学ぶ教養や実際に医者になってから学ぶ教養は、テクニックとはまた別のものだからです。

私は現在の教育における教養のあり方や偏差値入試に対して、全面的に反対しているわけではありませんが、正解がひとつしかないペーパーテストでその人の学力を測ることは、多様化した今の時代の流れからすれば、古い教養観だと思わざるを得ません。

なぜなら、現代の動的教養は、何者になるかの積み上げではなく、すぐに実践できるものに変わってきているからです。何かをやりながら、同時に動的教養も身につけていくというスタイルに変わってきているのです。

学校に行きながら、あるいは働きながら、自分の興味の方向に合わせて、強い将棋アプリをつくってみるとか、落ち葉の活用法をいろいろ探ってみるとか、紫式部が現代にタイムスリップしたらどうなるのか数千字の作品を書いてみる、などをやってみるのです。

実際に強い将棋アプリをつくるとなると、将棋の知識に加えてＩＴスキルや経験が必要なことがわかるでしょう。だったら、もっといろいろ勉強してからつくればいいのか、というとそうではありません。まずアプリをつくり始めてしまう。その作業の中で自分に足りないスキルや知識は何なのかを、実践しながら気づき学んでいけばいいのです。そういった経験が蓄積されれば、アプリをつくることも夢ではありません。

私が言いたいのは、何者かになるために、まずは学校で習う知識を十分学んで、その上でＩＴのことを勉強して……これとこれを身につけなければいけない、という常識や思い込みをもっと疑ってほしいということです。

何者かになりたい、もっと自由になりたい、より遠くまで行きたい、自分の興味をとことんまで追求したい、そう思ったなら、即実践すればいい。実際に、そのやり方のほうが役に立つ知識やスキル、経験が得られます。

何者かになりたい、やりたいと思ったときに動き出すことで、本当の教養が身についていくのです。

第7章で扱ったブックガイド

『独立自尊　福沢諭吉と明治維新』北岡伸一　ちくま学芸文庫
『グーテンベルクの銀河系』マーシャル・マクルーハン
『人生がときめく片づけの魔法』近藤麻理恵

『しょぼい起業で生きていく』えらいてんちょう　イースト・プレス
『ファクトフルネス』ハンス・ロスリング／オーラ・ロスリング／アンナ・ロスリング・ロンランド著、上杉周作／関美和訳　日経BP

参考文献・資料

第1章

＊1　地頭は伸ばせる！　大人になっても脳を成長させる方法　日本経済新聞（https://www.nikkei.com/nstyle-article/DGXMZO74673850R10C21A8000000/）

＊2　脳のパフォーマンス最大に　脳医学者お薦めの勉強法　日本経済新聞（https://www.nikkei.com/article/DGXMZO38218960X21C18A1000000/）

川島隆太『読書がたくましい脳をつくる』くもん出版、Ｐ70〜77

＊3　脳と創造性　茂木健一郎　慶應ＭＣＣ　夕学レポート（http://www.keiomcc.com/magazine/post_98/）

＊4　読書は脳に「永続的な影響」を与える。フィクションかどうかで違いも　ナゾロジー（https://nazology.net/archives/43660）

＊5　『ニューズウィーク』日本版２０１８年10月25日号の記事より（https://toyokeizai.net/articles/-/245484?display=b）

＊6　1日30分の読書でストレス軽減!?　メンタリストＤａｉＧｏが教えるメンタル強化術（1）【連載】　レタスクラブ（https://www.lettuceclub.net/news/article/151916/）

＊7　現実逃避の方法に読書最適？　ストレスが緩和される理由やおすすめの本を紹介　菜根譚.com（https://jsdmcp31.jp/reading-reality-escape）

嘘じゃない！　読書がストレス解消になる理由とは？　簡単に解説！　繊細生活　植物系メディア（https://love-freedom-peace.com/4375/）

＊8　「知的な好奇心」が脳力を高める　認知症を予防　ニュース　保健指導リソースガイド（https://tokuteikenshin-hokensidou.jp/news/2013/002963.php）

＊9　「もう年だからできない」「もの覚えが悪くなった」は、思い込みかも？　茂木健一郎が教える、脳の老化を防ぐマインドとトレーニング3選「脳は何歳からでも成長します」健康　婦人公論.jp（https://fujinkoron.jp/articles/-/9359）

第2章

＊1　1517夜『プリンシプルのない日本』白洲次郎　松岡正剛の千夜千冊参照（https://1000ya.isis.ne.jp/1517.html）

＊2　マーク・ザッカーバーグ――Facebookをつくった男の学生時代　co-media［コメディア］（https://www.co-media.jp/article/9312）

なぜザッカーバーグは「世界一」になれた？　大学生がSNSの常識を覆せた〝シンプルな理由〟　連載：企業立志伝　ビジネス＋IT（https://www.sbbit.jp/article/cont1/75992）

＊3　脳科学者も驚愕するＡＩの進化…日本の教育現場に「Chat GPT」は必要か？　TOKYO MX＋（プラス）（https://s.mxtv.jp/tokyomxplus/mx/article/202307030650/detail/）
雑誌『Ｎｅｗｔｏｎ（ニュートン）』２０２３年10月号「Chat GPT の教科書」
＊4　書物は手からも〝読んで〟いる？　電子書籍と紙の違いを研究　ITmedia eBook USER（https://www.itmedia.co.jp/ebook/articles/1408/27/news021.html）
電子書籍より紙の本で読んだほうが、内容をよく記憶できる：研究結果　ライフハッカー・ジャパン（https://www.lifehacker.jp/article/140906paperbook/）

第3章
＊1　スティーブ・ジョブズにインスピレーションを与え続けた14冊の本　Business Insider Japan（https://www.businessinsider.jp/post-190863）
＊2　読書量は一般人の38倍!?　ビルゲイツや柳井正など富裕層に共通する「読書習慣」とは　読む「お金の授業」（https://www.f-academy.jp/contents/column/?p=20702）

第4章
＊1　ＥＱの高い人の特徴とは？　ＥＱ（心の知能指数）を高める人材育成について解説　オンライン研修・人材育成　Schoo（スクー）法人・企業向けサービス（https://schoo.jp/biz/

column/779)
AI時代にこそ求められる「心の知能指数」EQとは？　EL BORDE（エル・ボルデ）by Nomura　ビジネスもプライベートも妥協しないミライを築くためのWEBマガジン(https://www.nomura.co.jp/el_borde/article/0021/)

*2 読書は脳に「永続的な影響」を与える。フィクションかどうかで違いも（2／2）ナゾロジー(https://nazology.net/archives/43660/2)

*3 読書と共感力が他者を理解するための鍵　Medium(https://medium.com/@LiteraryPages/empathy-reading-2718a1574a46)

*4 純文学を読んで、共感を高めよう　夢と希望の英語塾(http://go-sensei.indec.jp/?eid=1351)
小説を読めば共感力は培われるか　WSJ(https://jp.wsj.com/articles/SB10780138144506903447704582435722102759802)

*5 社会的感受性とは？　高い人・低い人の特徴と高めるための方法　EQバンク(https://eq-bank.com/what-is-social-sensitivity/)

*6 茂木健一郎先生（脳科学者）が語る、「読書が脳に与える　いい影響」とは【第1回】ベネッセ教育情報サイト(https://benesse.jp/kyouiku/201312/20131218-1.html)

＊1　脳が変わる――神経外科医が勧める、人生を変える読書　Business Insider Japan（https://www.businessinsider.jp/post-176728）
＊2　小説を読むことで長期的な影響が脳にでるそうです。　文藝同人誌『八月の群れ』公式ブログ（https://mure8.exblog.jp/22229962/）

第6章

＊1　【オーディオブックとは】メリットとおすすめアプリを徹底比較！（https://www.mottainaihonpo.com/kaitori/contents/cat07/057-audiobook-toha.html）
【耳読】忙しくても毎日の読書量を簡単に増やす方法【Kindle 読み上げ】　コアログ（https://koaten-blog.com/how-to-increase-daily-reading-volume/）
＊2　『超効率耳勉強法』P9、『「耳読《ミミドク》」で、もっと読めるようになる！』P36～39、ともに上田渉著、ディスカヴァー・トゥエンティワン

第7章

＊1　不動の魂で苦難を生き抜く、ストア派のゼノン～「アテネの学堂」スーパーガイド③～　TRYETING Inc.（トライエッティング）（https://www.tryeting.jp/column/8214/）

装丁：印牧真和
カバー写真・帯イラスト：iStock.com/ker_vii/JakeOlimb/Maksym Rudoi
編集協力：石井綾子

〈著者略歴〉

茂木健一郎（もぎ・けんいちろう）

東京大学大学院客員教授及び特任教授、ソニーコンピュータサイエンス研究所上級研究員、各種業界団体の理事や顧問など、多彩な領域で様々な役職を務める。

東京大学理学部、法学部卒業後、東京大学大学院理学系研究科物理学専攻課程修了。

理学博士。理化学研究所、ケンブリッジ大学を経て現在に至る。

専門は脳科学、認知科学。「クオリア」（感覚の持つ質感）をキーワードとして脳と心の関係を研究、併せて近年は「人とＡＩのアラインメント」についての研究に注力中。

また、ＳＮＳやYouTubeでの情報、メッセージ発信も盛んに行い、時に国内外で大きな話題となる。

文藝評論、美術評論などにも取り組みながら、作家、ブロードキャスターとしても活躍の幅を広げており、英語で執筆した日本文化や精神性について論じた著書『IKIGAI』が世界で注目され、30カ国以上の国で各国語に翻訳され出版されている。続く二冊目の英語の著書『The Way of Nagomi（なごみの道)』も世界から注目されている。

シンプルで脳科学的に正しい読書法

2024年３月12日　第１版第１刷発行

著　者　茂木健一郎
発行者　永田貴之
発行所　株式会社ＰＨＰ研究所
東京本部　〒135-8137　江東区豊洲5-6-52
ビジネス・教養出版部　☎03-3520-9615(編集)
普及部　☎03-3520-9630(販売)
京都本部　〒601-8411　京都市南区西九条北ノ内町11
PHP INTERFACE　https://www.php.co.jp/
組　版　株式会社PHPエディターズ・グループ
印刷所
製本所　図書印刷株式会社

ISBN978-4-569-85647-6

PHPの本

脳HACK大全

茂木健一郎 著

スキマ時間にはペンを持て、タイムプレッシャーで集中、ウォーキングで頭の整理……脳を最大限に活用すれば生産性は飛躍的に上がる！

定価 本体一、五〇〇円（税別）

PHPの本

本当に頭のいい子を育てる
世界標準の勉強法

茂木健一郎 著

ＡＩに負けない脳を育てるには「フロー」「グリット」「探究」が必要だ。超進学校の事例をまじえ、子育ての最適解を脳科学の見地から解説。

〈新書判〉定価 本体八八〇円（税別）